スタートアップ・ベンチャー企業の経営者がIPOを考え始めたときに知っておくべき予備知識

井上 司
Inoue Tsukasa

太田 裕士
Ohta Hiroshi

ロギカ書房

はじめに

　数ある IPO 関連の書籍の中から、この本に興味を持ち手に取って頂きまして誠にありがとうございます。

　ここ数年、一時の低迷時を脱し日本の株式市場も復活してきていることも手伝い、毎年数多くの会社が IPO を達成して上場企業となっています。

　この本を手にされたスタートアップ・ベンチャー企業の経営者の中にも、実際に IPO を達成した周りの経営者から IPO を勧められたことを契機に、IPO を意識するようになった方もいらっしゃるのではないでしょうか。

　IPO というと、上場企業のステータスや自社の知名度の向上による得意先の開拓・人材の確保、株式売却によるキャピタルゲインなど、スタートアップ・ベンチャー企業の経営者のモチベーションを高めるようなメリットが数多くあります。今日、そのようなメリットを強調する情報は、インターネットや書籍等で数多く目にする機会があると思われます。また、IPO 関連の人間（証券会社や IPO コンサルタント）も一般的には IPO に関するメリットを強調する傾向にあると思われます。

　他方で、物事には何事も両面があるように、IPO を行うことについてのデメリットがあります。IPO に伴う一定の制約や費用（コスト面）などです。これらについては、メリットほど紹介されてはいませんが、インターネットや書籍等でも入手可能です。

　スタートアップ・ベンチャー企業の経営者には、「気になったことがあれば、先ずは試してみる」という経営スタイルに慣れている方もいるでしょう。そのため、気軽な気持ちで IPO の準備を始めようと考える経営者もいらっしゃるかもしれません。

　ただここで、スタートアップ・ベンチャー企業の経営者に強調しておきたいのは、**IPO の準備というのは、一度スタートすると、途中で簡単には止めら**

はじめに

れないということです。IPO の準備には、コストと時間がかかるのみならず、多くの関係者が関与します。順調に IPO ができればいいですが、多くの IPO 準備会社が途中でスケジュールが大幅に延期となったり、最終的には断念しているケースが多いのも現実です。そして、**途中でなかなか上手くいかないことに気づいたとしても、準備の過程で生じた様々なしがらみによって、途中で容易に IPO 準備を断念できない**のです。

　このようなことを実務で多く目にし、スタートアップ・ベンチャー企業の経営者が、IPO 準備を始めるかどうかを決断する際の判断に資する情報を提供することを目的に本書を執筆いたしました。本書では、IPO でよく生じる実務上の問題点のみならず、一般的にはあまり情報量が少ない IPO に係るコスト面の話や IPO の準備過程での気を付けたい事例なども盛り込んでみました。

　スタートアップ・ベンチャー企業の経営者には、**あくまでも IPO ありきではなく、自社に関する IPO のメリットとデメリットを冷静に分析したうえで、IPO 準備のスタートを決断して頂きたい**と思います。本書が、その分析と決断の一助となれば幸いです。

2024 年 6 月

著者

目次

第 1 章
スタートアップ・ベンチャー企業と
出口戦略としての
IPO（イニシャル・パブリック・オファリング）

第 2 章
IPO の目的を
明確にする

目次

第3章
そもそも IPO が可能かどうか
準備を始める前に確かめるべきこと
～セルフチェック～

第4章
知っておくべき
IPO に必要な要素

第5章
IPO 達成後に
成功し続けるためには

シは、2024 年 4 月 1 日より株式会社タカヨシホールディングスに移行）

巻末資料

第1章
スタートアップ・ベンチャー企業と出口戦略としての
IPO <small>（イニシャル・パブリック・オファリング）</small>

第1節

喧しいことば「スタートアップ」

　スタートアップ企業あるいはスタートアップということばを朝のニュースから始まって何回目や耳にすることでしょうか？それほどに、少なくともメディアなどでは頻繁に取り上げられていることばといえます。それではスタートアップやそれに関連するスタートアップ・ベンチャー企業とは、そもそもどういった企業を指すのでしょうか？

　学習院大学経済学部経営学科教授の Dimitry Rtischev 氏は、「ここ10年間で新規事業の可能性を確認したり、その中身を調整したりすることにかかるコストは大幅に下がった」として「リーンスタートアップという経営哲学は、新規事業の『実験』を安く実施できるようになったからこそ、生まれたのだ。リスク低減の観点から見れば、次々と実験を行いながら将来性のないアイデアを切り捨て、有望なアイデアを磨いていくという方法が成功の近道である」としています。つまり、リーンスタートアップとはコストをかけずに最低限の製品・サービス・機能を持った試作品を短期間でつくり、顧客の反応を的確に取得して、顧客がより満足できる製品・サービスを開発していくマネジメント手法のことなのです。

　一方でベンチャーという言葉がありますが、スタートアップと異なるのでしょうか、そもそもベンチャーとの違いがあるか否かの前にベンチャーとはどういう意味なのでしょうか？

　実はベンチャー企業に定義など決まったものはなく、またベンチャー企業は和製英語であり、もともとは「ベンチャーキャピタル」で投資する側から派生した言葉であろうと考えられます。つまりベンチャー企業とスタートアップ企

業はほぼ並列するのではと考え、本書もそのスタンスで進めることにいたします。

第2節

スタートアップ・ベンチャー企業とは？

　次の特徴を持つ会社を、本書では企業の中で特にスタートアップ・ベンチャー（企業）と呼ぶことにします。その特徴として、以下のような意識を持つ経営者が率いている企業です。

・成長が早い。

・他社に比して新しい技術を持つ、イノベーションを重視している。

・常に出口戦略（イグジット）を意識している。

　ちなみに、出口戦略とはスタートアップ・ベンチャー企業の創業者が資金を回収する方法で、IPO やバイアウトによる株式売却が典型例です。世界的なスタートアップ・ベンチャー企業の立ち上げブームは、

1. デジタル化の進展によりあらたなビジネスチャンスが拡大した

2. スタートアップ・ベンチャー企業の立ち上げコストが低下し、一方で投資資金の流入が増加した

3. 各国政府のスタートアップ促進策が背景にある

と言われています。これらの動きは北米のシリコンヴァレーにとどまらず、各国にも波及しており、わが国も例外ではありません。経済産業省の「平成30年度地方創生に向けたスタートアップエコシステム整備促進に関する調査事業報告書」（以下、「調査事業報告書」といいます）によると、日本にも 2014 年頃からスタートアップのブームは到来しているといえます。IoT やブロックチェーンにはじまり、今最も流行りの生成 AI や VR といったデジタル技術に立脚したスタートアップ・ベンチャー企業が続々と立ち上がっています。日本

においても少なくとも先の経済産業省の「調査事業報告書」で引用している、日本総合研究所の「改善するわが国のスタートアップ事業環境　JRIレビュー2018 Vol.2, No.53　35」においては今回を戦後で第4次ブームと位置付けています。

　ちなみに第1次は1970年から1973年で日本にベンチャーの概念が紹介され、大手金融機関がVCをこぞって設立した時、第2次は1982年から1986年で日本初のベンチャーファンドが組成され、店頭登録基準や東証二部上場基準の緩和が背景にありました。また、第3次は前期と後期に分かれ、前期は1993年から2000年を指し、世界的なインターネットブーム並びにそれに伴う株式公開ブーム、後期は2000年から2006年でゲノムやバイオテクノロジーブームを背景としたものです。

　「調査事業報告書」において経済産業省は「今回の第4次ブームではスタートアップを巡る事業環境に大きな改善がみられる。」とし、「首都圏を中心に、優秀な若者のスタートアップの分野への挑戦が認められる。」としました。それはベンチャーキャピタルからの資金調達も2013年以降増加傾向をたどっていることからも明確で、また日本政府もスタートアップの促進策を大々的に実施しているところからもわかります。

第3節

出口戦略を前面に

　もっと言えるのは、先ほどスタートアップ・ベンチャー企業の定義の1つと
して「常に出口戦略を考えている」としましたが、第3次ブームまでとの明ら
かな違いがあるのではないでしょうか。つまり、第3次ブームまでのころは人
によってはあまり口にしていなかった出口戦略について当然のように口にする
人も多くなっている印象があります。

　ここで再度出口戦略について考えてみたいと思います。出口戦略とは、出資
者である投資家の利益を確定させる戦略のことです。出口戦略を行うのは投資
家から出資を受けるスタートアップ・ベンチャー企業であり、投資家は投資先
が成長し将来大きな利益を獲得することを目的に企業に投資します。

　一方、スタートアップ・ベンチャー企業にとって出口戦略は、必ず事業に成
功しなければならない案件のように感じることもしばしばです。投資会社は投
資した資金を回収することが目的であるため、経営支援を行って事業の成功確
率を高めようとしています。スタートアップ・ベンチャー企業の経営者はこの
大きな期待に応えなければなりません。万が一、目標の期間内に事業が成功し
なかった場合や・ベンチャー成功の見込みがないと判断された場合は、株式の
売却など強硬な手段で資金を回収される場合もあります。

　このように常に出口戦略について考えているといえます。従来は企業の経営
者は皆、心にはもちろんありますがあまり口にしてこなかったことですが、最
近はあえて言えば出口戦略がありき、常に考えていることが定義の1つになる
のは隔世の感があるといえます。

　ところで書籍などによっては、スタートアップとスモールビジネスは異なるものとして取り扱われていることもあります。ただ本書では結果として区分されることはありますが、途中で分けられることはないと考えます。むしろ、スモールビジネスの中の一部を構成し定義に合うものをスタートアップ・ベンチャー企業と考えます。

　スタートアップ・ベンチャー企業は成長が早いのも定義の1つとなっていましたが、縦軸に利益を横軸に時間をとって説明しているものもあります。一般的な企業では、リスクを抑え中長期での事業安定を図るため緩やかな右肩上がりの線を描くことを目指すのに対し、スタートアップ・ベンチャー企業は以下のようにリスクを負いながらも急成長させるJ曲線を描くといえます。

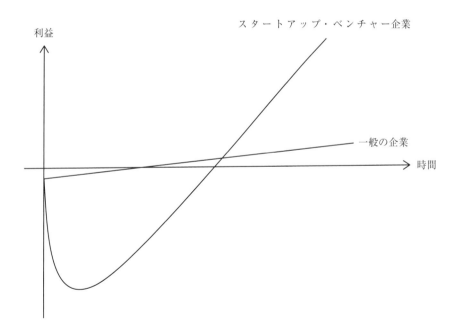

　ところで出口戦略とは、元々は軍事用語で困難な戦局から被害最小限で**「脱出する戦略」**を意味しています。しかし、ビジネスにおいては良い意味で使われることが多く、起業家がみずから育てたスタートアップ・ベンチャー企業で

「利益を手にする戦略」という意味で使われ、一言でいえば、スタートアップ・ベンチャー企業が利益を確定させ出資者にキャッシュ化する戦略を言います。出口としてはIPO（株式公開）とM&A（バイアウト）があげられるでしょう。

　本書の本題であるIPOについてもう少しだけ説明します。ここでいうIPO（イニシャル・パブリック・オファリング）とは新規株式公開のことで、幅広く資金調達を行える方法です。経営者は、IPOによる出口戦略実行後も、引き続き会社を経営ができます。ベンチャーキャピタルからの資金調達に比べて有限責任となり、金銭面での責任が小さくなる一方で、株主である投資家や社会全体に対して責任を負うことになります。

　従業員や取引先にとっても、IPOでは引き続き同じ経営者が経営を行うため雇用や取引の安定が見込まれ、さらに会社自体の信用力が拡大するため、ストックオプションによるキャピタルゲインを手に入れたりすることも可能となります。

　一方で、M&Aを利用したバイアウトの出口戦略もあり、バイアウトによれば経営者にとっては多額の売却益を獲得できます。しかし、経営権が買い手企業に移り基本的には経営者も交代するため、従業員や取引先に影響を及ぼす可能性があるといえます。このようなケースも想定してM&Aによる出口戦略を考慮する場合は、利害関係者に説明をしておくことが必要です。株主は、M&Aにより株式価値が上がるようなことがあれば即座に売却する行動をとることでしょう。IPOでは株式売却による暴落を防ぐため。上場後一定期間株式を売却することは禁止されています。そのため、IPO直後に株式を現金化することはできないとされています。一方、M&Aでは企業を売却する時に株式を売却するため、IPOに比べて容易に現金化できます。

　ただわが国だけの統計を考慮すれば、M&AによるものよりIPOによるものが圧倒的に多いのが現実です。経済産業省の「大企業×スタートアップの

M&A に関する調査報告書」令和 3 年 3 月によりますと日本では、IPO による
出口戦略が多い傾向にあります。この調査報告書の日本における出口の比率
は、IPO：M&A が約 7：3 でした。

「大企業×スタートアップの M&A が活発に行われていない要因」として、
当該調査報告書では、下記の要因を挙げております。

① M&A よりも自社単独での研究開発を優先する。
② 株主から短期的な利益を求められるため、M&A のような中長期的な投
資が選択肢に入りにくい。
③ スタートアップに対する M&A の成功率が 10 割でないといけない（失
敗が許されない）と考える傾向がある。
④ 買収企業と被買収企業（＝スタートアップ）の間で、バリュエーション
が合意に至らない。
⑤ のれんの減損が発生すること、及び投資家からのネガティブな評価を懸
念する。

（出典：（企業の成長投資・オープンイノベーション促進に向けた環境整備のため
の調査研究）大企業×スタートアップの M&A に関する調査報告書（バリュエーショ
ンに対する考え方及び IR のあり方について））

②及び⑤は、アメリカにおいても当然当てはまるため、日本において M&A
による出口戦略が低いという積極的な根拠としては弱いと思われます。

なおアメリカでは成長投資戦略を達成する手法として、M&A を積極的に活
用している企業が多いのですが、その率は日本と比べると 1 対 9 と全く逆と
なっています。また M&A の買収価格も、アメリカと日本では大きな差があ
ります。アメリカは日本よりも M&A 市場が活発であり、買い手が多く存在
するため競争が起き買収価格が高騰します。

日本で IPO が選ばれる理由としては、日本市場での IPO のしやすさなどが
挙げられますが、その他 M&A の実行に際して様々な阻害要因があるのでは

ないかと考えられます。それら阻害要因を M&A の実施により期待される各種のシナジー効果の創出、具体的には「異質共有・相互補完」によるシナジー効果や、「重複排除」によるシナジー効果の創出が考えられますし、M&A 実行時に一定の目標達成を条件に追加の対価支払いを行う「アーンアウト条項」を用いることで、バリュエーションの目線相違の解決につながる可能性もあるといえるでしょう。

　他に日本人の特性かもしれませんが、自前主義や失敗が許されないと考える傾向が強いのもありますが、ここでは議論せず他の書籍にお任せすることにしたいと思います。

第2章
IPO の
目的を
明確にする

第1節

何のために IPO をしたいのか？

1. 資金調達における一般的な流れについて

　本書の主題である IPO（イニシャル・パブリック・オファリング）についてですが、自社の株式を新たに証券取引所に公開することであり、「新規公開株」や「新規株式上場」とほぼ同じ意味合いで使われます。自社の株式を証券取引所に公開することで、株式発行会社が自社の株式を証券取引所で自由に売買できるように公開することになります。

　なぜ企業家が IPO をめざすのでしょうか？それはまず、出口戦略の１つとしてとらえているからに他なりません。これについては第１章でとりあげました。ここでは、資金調達という観点からスタートアップ・ベンチャー企業の資金調達先へのアプローチから出口までの一般的な流れについて見ていきましょう。一般にスタートアップ・ベンチャー企業がベンチャーキャピタル等から出資を受けて出口戦略に基づいて出口を獲得するまでには、以下の段階を経るといわれています。

(1) 資金調達先にアプローチ

　まず資金調達を実行するため、スタートアップ・ベンチャー企業が出資者にアプローチをします。ベンチャーキャピタルが主催や参加しているイベントやセミナーなどに参加して、出資してもらえるようにコンタクトを取るケースが多いようです。また、インターネット上でマッチングを行うプラットフォーム

もいくつかあります。マッチングサイトでは、登録しておけばベンチャーキャピタルの方からアプローチしてもらえる可能性があります。スタートアップ・ベンチャー企業の出口戦略を理解するうえでは、資金調達方法について知ることが必要です。企業の資金調達方法は複数ありますが、代表的なのが出資による資金調達です。

　設立から間もなく社会的信用の低いスタートアップ・ベンチャー企業は、金融機関から融資を受けるのが容易ではありませんので、融資ではなく、ベンチャーキャピタルやエンジェル投資家などから出資してもらうケースが多く見られます。このほかにも、ベンチャー企業も融資してもらえる日本政策金融公庫の新創業融資や、国・地方公共団体からの補助金・助成金、さらにはクラウドファンディングを利用した資金調達もあります。

(2) 審査

　次に、希望の資金調達先から出資しても問題ないかの審査を受けます。この審査は、3か月以上かかるのが一般的です。経営者と資金調達先の間で面談やヒアリングが複数回行われ、その内容や事業計画などをもとに慎重に審査します。面談やヒアリングでは、事業内容、事業の強みや弱みなどを聞かれることが多いですが、それと同時に経営者の資質や対象事業の成長性などを総合的に判断します。そのため、出資の決定に関しては、経営者のプレゼン力にかかっているといって過言ではありません。

(3) 資金調達先との契約締結とその支援

　審査を実施し問題がないと判断されたら投資契約を結び、出資が決定します。投資契約では、提供される資金の使い道や経営目標を記載することが必要です。投資後は、提供した資金を適切に使用しているか、計画通り事業が進行しているかなどのモニタリングが行われます。

　その後資金調達先から経営に関わる支援を受けられる場合が多いです。具体的な支援内容としては、経営や財務、人事などの戦略策定の支援やコーポレー

ト・ガバナンスなどの管理体制の支援、企業価値を高めるための企業の紹介などがあります。創業期間が短く経験が浅い経営者の経営判断では事業が上手くいかないケースは多いですが、この先に大きな利益を得られるよう、資金調達先は多くの企業を見てきた経験を活かし適切な判断ができるような支援をします。

(4) 出口戦略

　スタートアップ・ベンチャー企業が目標を達成できた後に、出口戦略実行が待っています。スタートアップ・ベンチャー企業の株式上場後、もしくはM&Aによるスタートアップ・ベンチャー企業の売却によって、資金調達先は投資資金を回収し、利益を獲得します。

2. 資本政策について〜まずは知っていてほしいこと〜

　第4章で資本政策について本格的に触れますが、まずはこのようなものがある程度で予備知識として理解していただきたいのは、**上場前の新株発行等の規制**が存在するというところです。これは取引所の規則として、上場前のファイナンス等については特定の者が上場に際して短期間に利益を得ることを防止するためで、「上場前の株式（「株式」又は「新株予約権」）の移動・第三者割当等による募集株式の割当等は原則としてはできないことになっています。

　またおわかりのことだと思いますが、資金調達と資本政策は密接不可分の関係といえるでしょう。たとえば上場時下記のような時価総額になるであろうと想定します。

　上場時の時価総額＝上場申請事業年度の税引後当期純利益×PER（株価収益率）

　PERはその会社の成長度を表すもので、将来に向けてより成長可能性が高いと考えられる会社のPERは高くなります。ただし第4章で示すような精緻

な、例えば一定の割引率（ディスカウント）などは割愛させていただいています。ある会社の上場申請年度税引後当期純利益が5億円、PER15倍だとすると、その会社の時価総額は5億円×15倍＝75億円となるため発行済株式数で割った金額が上場時の1株当たりの株価（公開価格）となります。

　この公開価格に上場時に新たに発行する予定の株式数（公募株数）を掛ければ資金調達額、上場時にオーナーなどの株主が売却する株式数を掛ければどれくらい売却するオーナー等に資金が回収されるか計算されることになります。またこれらの実行後の株主構成から、経営陣がおそらくはこうしたいだろうということが持株比率のイメージで浮かび上がってきます。より多く資金調達をするために公募株数を増やしたり、オーナーの持株比率を維持するために売出株数を抑えたりで上場は大きく変わってくるといえるでしょう。

　また、親族への贈与や資産管理会社等による相続対策もIPO準備のタイミングで行うのがいいでしょう。

　さてここで本論に戻って資本政策の実行についてですが、株価が上がる前にすることが望まれます。一般に、右肩上がりに成長する上場準備企業では決算ごとに株価は上がります。また第三者割当増資をする場合には、その株価算定方法として企業が将来生み出し大幅に株価が上がることが想定されます。開示対象期間前に資本政策として実行してはいけないということではないのですが、オーナー家の相続対策など直前々期に入る前にできることがあれば済ませておくほうがいいと考えます。

3. 東証の市場再編

(1) 従来の区分

　ご存知の方も多いと思いますが、2022年4月東証が再編を行ったのは記憶に新しいですが、それまでは下記のような区分で曖昧であるという批判や上場企業の持続的な企業価値向上の動機付けの点で、期待される役割を十分に果た

せていない、ほかにも投資対象としての機能性と市場代表性を備えた指数が存在しないといった批判がでていました。

市場第一部（本則一部）	流通性が高い企業向けの市場
市場第二部（本則二部）	実績ある企業向けの市場
マザーズ	新興企業向けの市場
ジャスダック	実績ある企業・新興企業など多様な企業向けの市場

　もう少し具体的に言いますと、各市場区分のコンセプトが曖昧であり、多くの投資者にとって利便性が低く市場第二部・マザーズ・JASDAQ の位置付けの重複がある、分かりづらい、市場第一部は市場コンセプトが明確でなく、パッシブ投資隆盛により流動性の低い銘柄の価格形成に歪みを生じている。上場会社の持続的な企業価値向上の動機付けの点で期待される役割を十分に果たせていない、市場第一部へのステップアップ基準は、上場会社の持続的な企業価値向上の動機付けの観点から十分に機能せず、そのほか、機関投資家の参入のための方策や新興企業に適した開示制度の検討が必要などです。

　投資対象としての機能性と市場代表性を備えた指数が存在しない、多くの投資者がベンチマークとしている TOPIX は、市場第一部全銘柄で構成、JPX 日経 400 や TOPIX500 などの指数をベンチマークとする投資者は少ない、というようなところです。

(2) 2022 年 4 月以降の市場区分と上場

　これらの課題を解決するために再編が行われ、2022 年 4 月以降以下の 3 つの市場に分けられています。

〈再編後の市場とコンセプト〉

プライム市場（本則一部・二部）	グローバルな投資家との建設的な対話を中心に据えた企業向けの市場

スタンダード市場 （本則二部・ジャスダック　スタンダード）	公開された市場における投資対象として十分な流動性とガバナンス水準を備えた企業向けの市場
グロース市場 （マザーズ・ジャスダック　グロース）	高い成長可能性を有する企業向けの市場

（参考：株式会社東京証券取引所「市場区分見直しの概要」）

　各市場のコンセプトが明確になり、そのコンセプトに応じた時価総額（流動性）やコーポレート・ガバナンスなどにかかわる定量的・定性的な基準が設けられています。

　また、新規上場基準と上場維持基準が原則として共通化されました。市場を変更する時には、変更先の市場の新規上場基準を満たし、かつ審査を受けなければ上場できない仕組みになりました。

　再編前からの上場企業には、新しいコンセプトなどを踏まえた上で、移行先市場を主体的に選択する機会が設けられました。その結果、再編前の2022年4月3日時点では、本則一部が2,177社、本則二部とジャスダックスタンダードが1,127社、マザーズとジャスダックグロースが466社でしたが、再編後の4月4日にはプライムが1,839社、スタンダードが1,466社、グロースが466社（うち1社は4月4日付で新規上場）となりました。

(3) プライム市場の新規上場基準・上場維持基準

　プライム市場の上場審査基準と上場維持基準は、以下のとおりです。

項目	新規上場基準	上場維持基準
株主数	800人以上	800人以上
流通株式数	20,000単位以上	20,000単位以上
流通株式時価総額	100億円以上	100億円以上
売買代金	時価総額250億円以上	平均売買代金0.2億円以上

流通株式比率	35%以上	35%以上
収益基盤	最近2年間の利益合計が25億円以上 売上高100億円以上かつ時価総額1,000億円以上	－
財政状態	総資産50億円以上	純資産額が正であること

　流通株式比率とは、上場株式数に占める流通株式数の割合です。流通株式数は上場株式数から役員所有株式数や自己株式数などを差し引いたものになります。

　プライム市場は、機関投資家との建設的な対話を促進しているのが特徴です。安定株主が株主総会の特別決議可決に必要な水準（3分の2）を占めることがないように、流通株式比率を35%以上としています。

（4）スタンダード市場の新規上場基準・上場維持基準

　スタンダード市場の新規上場基準と上場維持基準は、以下のとおりです。

項目	新規上場基準	上場維持基準
株主数	400人以上	400人以上
流通株式数	2,000単位以上	2,000単位以上
流通株式時価総額	10億円以上	10億円以上
売買高	－	月平均10単位以上
流通株式比率	25%以上	25%以上
収益基盤	最近1年間の利益が1億円以上	－
財政状態	純資産額が正であること	純資産額が正であること

　スタンダード市場は、一般投資家がスムーズに売買できる流動性を求められるのが特徴です。

　機関投資家を主な投資対象とするプライム市場に比べると、株主数や時価総額などの基準は低く流通株式比率については、25%以上としています。

(5) グロース市場の新規上場基準・上場維持基準

グロース市場の新規上場基準と上場維持基準は、以下のとおりです。

項目	新規上場基準	上場維持基準
時価総額	—	上場 10 年経過後 40 億円以上
株主数	150 人以上	150 人以上
流通株式数	1,000 単位以上	1,000 単位以上
流通株式時価総額	5 億円以上	5 億円以上
売買高	—	月平均 10 単位以上
流通株式比率	25%以上	25%以上

グロース市場は高い成長可能性の実現を重視しているため、プライム市場やスタンダード市場に比べると基準は緩やかです。

なお「事業計画が合理的に作成されていること」「事業計画及び成長可能性に関する事項」の開示などが求められます。

また、上場準備や上場後に影響を与える可能性があるものとして、2023 年12 月に東京証券取引所から「グロース市場の機能発揮に向けた今後の対応について」、2024 年 5 月に「グロース市場の機能発揮に向けた対応」が公表されております。これらの中では、下記のような IPO に関する事項が取り上げられておりますので、上場準備に入る前に、是非一度目を通してください。

① 上場理由等の開示の促進（昨今の IPO が、成長するための資金調達よりも既存株主の株式売り出しが多くなっているケースが多く、自社の成長戦略を踏まえた上での上場理由等の開示を促進すること）

② 上場準備に関する正しい理解の促進（上場準備に関する理解の促進として赤字上場、IPO 前の M&A や体制変更に関する誤解が生じている事項について FAQ 集の公表）

③ 投資者への積極的な情報発信の促進（「事業計画及び成長可能性に関する事項」に記載されている事項に関して、投資家向け説明会・個別面談等の実施を促すとともに、その実施状況な内容についての開示を促すこと）

④　機関投資家への情報発信の支援（経営者が自社の成長ストーリーを発信できる場（IR イベント）を提供するなどのサポート）

⑤　上場基準の引き上げ（現状は企業規模の小さい段階でも公開市場から成長資金を調達できるよう緩やかな上場基準を設定しているが、広く機関投資家の投資対象となる企業規模を求めるという観点から上場基準の引き上げや上場後の成長の動機付けという観点から上場維持基準を引き上げることを検討すること）

⑥　プロ向け市場（TOKYO PRO Market）の活用の促進（現在の TOKYO PRO Market の抜本的な見直しを検討すること）

なお、⑤に関して、現状において直ちに基準の引き上げを行うことに関しては、以下の指摘もあります。

新規上場基準が、非上場領域の資金供給機能の改善が果たされない中では、スタートアップ・ベンチャー企業の重要な選択肢を奪うことになりかねないのではないでしょうか。

第2節

IPO のメリットを再考する

(1) IPO すると決めた経営者に対するメリットについて

IPO についてそのメリットを再考してみましょう。

メリットとしては以下の様な点が挙げられるといわれています。

①　社会的な信用や知名度の向上

証券取引所に上場するためには、取引所による上場審査をパスしなければなりません。この審査基準には企業のある程度以上の財務状態や内部管理体制の充実が求められており信用を得ることができ、上場すれば企業の財務状況等を公開していかなければならないため顧客や取引先からの信用度も向上し、知名度もアップします。

日本取引所グループ（JPX）によると、2023 年 12 月 31 日時点での上場会社数は 3,933 社となっています。日本には約 400 万社が存在しており、上場会社の割合は約 0.1％です。

IPO を行うことにより、日本でも数少ない上場企業として、会社の知名度も高まります。結果的に、新規取引を獲得しやすくなるということも期待できます。

②　資金調達力の向上

株式を公開することで広く投資家に資金を募り、スムーズな資金調達が可能になります。少なくとも IPO 時からその後の増資などによって必要な時期に資金調達も可能となり、株式による資金調達は利息や返済がなく、事業投資な

どに向け有効な資金調達方法として機能し得るといえます。

　IPOを行うことで、募集株式の発行、つまり新たに株を発行し、新たな株主を募集することができます。新たな株主から出資をしてもらうことで会社の資金を増やすことができると同時に、社債を発行することによって投資家から資金提供を受けることも可能になります。

　このように、IPOを行うことにより、銀行からの融資以外の資金調達ができるようになり、資金調達の幅が広がります。IPOを行った後も、必要なタイミングで資金調達がしやすいため、事業拡大を行いやすくなります。

③　人材採用面での効果とその後のモチベーション

　当然ながら、上場企業というブランドが社会的信用力を向上させますので、人材の採用面でも優秀な人材が集まりやすくなり非上場企業と比べれば競争力も向上します。また、従業員側としてもモチベーションが高まり、ある企業でストックオプションやそのほかのインセンティブを通じて従業員に株式を付与しているケースがありますが、IPOによって株価は大きく上昇することが多いため、自社株式を保有している従業員は資産価値の向上が図れます。また、IPOによって換金は市場を通すだけになるので、簡単に行えます。

　就業希望者から見ると、スタートアップ・ベンチー企業というだけで社内体制が整っていなかったり、採用条件が魅力的ではなかったりすると思う場合もあります。しかし、IPOによって企業の知名度と社会的信用度があり資金調達を背景とした魅力的な労働条件が揃っていると、より優秀な人材が集まる可能性が増します。

　以下が理想のサイクルです。

　IPOを通じてその企業の知名度がアップする

　社会的信用度も向上する

　新株発行による資金調達だけでなく金融機関から融資を受けやすくなる

⬇

企業の知名度と社会的信用性に合わせて、事業を拡大するための資金が揃うことで人材採用力の向上が見込める

(2) 株主に対するメリットについて

株主に対するメリットもあげておきます。

① 株式の流動性の向上

IPOを行うことによって、市場で流通する株式の数が大きくなりますので、株主は株の売買をする機会が増えたり、株を売買する際の制約が少なくなったりするといったメリットがあります

上場をすることで、企業が資金調達をしやすくなったり、新規取引の獲得がしやすくなったりするというメリットがあることを先ほど説明しました。これにより、企業の業績が上がり、株価もそれに応じて上昇するため、株主も株価上昇というメリットを得ることができます。

(3) 従業員のメリット
① 従業員の社会的信用の向上

従業員は上場企業で働いているということで、社会的信用が向上します。たとえば、従業員はローンを組みやすくなったり、転職の際に有利になったりなどのメリットを受けることができます。

② インセンティブとモチベーションの向上

従業員にもストックオプションなどのインセンティブを付与するケースがありますから、会社の業績が上がり、株価が上昇するとその分報酬も増えるため、従業員のモチベーションの向上にもつながります。

③　上場にかかわった実績と経験

　IPO を達成するためには、上場審査の様々な基準を満たさなければならず、経営管理体制の構築、運用など様々な手続きが必要になります。この実績と経験は社員にとっては今後のキャリア形成に非常に有利に働きます。

第3節

IPO のデメリットを熟考する

つぎに IPO のデメリットを考えてみます。

(1) IPO を考えている起業家に対してのデメリット

① 上場準備に時間とコストがかかる

　株式上場は、上場審査に通過するための準備に時間とコストがかかります。通常は3年以上の準備期間が必要で監査法人による監査、主幹事証券会社の審査など、対応すべきことが多くあるので、株式上場に膨大な時間とコストをかける価値があるかを見極める必要があるでしょう。

　IPO 準備にかかる期間は少なくとも3年前後の期間を要します。その理由は上場直前2期分の IPO 監査が必要であることや、上場に向けた体制の構築に時間がかかることが挙げられます。最近では、IPO を目指す企業が増えていることもありますから、監査契約を受任してくれる監査法人がすぐに決まらないことも多い（IPO 監査難民の増加）ため、早めに準備を始めることが重要です。

　なお、上場後も維持管理のコストが必要です。管理部門に加えて、定時株主総会の実施、監査法人へのコストなどもかかってくるため、明確に試算し考慮しておきます。

② 業績の向上が常に求められる

　株式上場をすると、株主に配慮しながら経営方針を決める必要があります。非上場のときのように、経営者だけで経営の意思決定をするのは難しくなります。また株主総会では、株主から様々な要求を受ける可能性もあります。上場

前に比べると、経営の自由度は低くなることが多いです。

③　株価で企業価値が判断される

　株式上場後は、株価で企業価値が評価されるようになります。

　株価が順調に推移していれば株主からは高く評価され、ほかの投資家からも注目されます。

　一方で株価が低迷していると株主からの批判が強まり、上昇のための対策を迫られる可能性があります。このように株価で企業の価値が判断されます。いずれにせよIPO前であれば、短期的な利益は減ったとしても長期的に効果が出てくるような施策の実行も比較的行いやすいですが、IPOをするとそういった施策もやりにくくなってしまう傾向にあり短期的な結果を追い求めてしまうといった事態が発生します。

④　企業買収のリスクが高まる

　上場後は株式市場で広く株式が売買されるため、企業買収のリスクが高まります。そのためライバルだった企業に買われることさえもでてきます。

⑤　社会や株主への説明責任がより求められる

　会社として行っていた取引や施策についても見直しが必要です。また、IPO前は経営者が株主を選定できますし、限られた数の株主だけで構成されていますが、当然IPO後株主は不特定多数になります。

第4節

MBO をした企業

MBO とは「Management Buyout（マネジメント・バイアウト）」略で、M&A の手法の1つです。MBO は「経営陣による買収」などと訳され、企業の経営陣が株式や一部の事業部門を買い取ることを通じて経営権を取得することをいいます。

M&A や TOB と混同されやすいですが、MBO は、企業の経営陣が株式や一部の事業部門を買い取ることで経営権を取得することをいいます（TOB とは、Takeover Bid の略で日本語では「株式公開買付」と訳され、株式取引市場外で買付期間・価格・株式数を公告するなどの一定ルールに従い、上場企業の株式を取得する方法のことをいいます）。

(1) MBO によるメリットについて

MBO を採用した場合のメリットですが、IPO のデメリットのまさに逆になると考えられます。と申しますのは、上場を続けることに意味を見出さない、あるいは、このまま上場を保つのが困難になったなど理由は様々ですが、一旦非上場になろうという意思決定なので、逆になるのはむしろ当然の帰結になるかもしれません。

① 中長期的な経営が可能になる

経営陣は様々な意見を聞きながら経営を進めます。一般に多くの株主（投資家）は短期的な業績向上による利益を求めるため、中長期的な視点よりも短期的な視点での経営判断を求められる傾向が多いといえます。経営陣が中長期的

視点で経営を行いたい場合、両者間での考え方に埋められないギャップが生まれることになりますが、MBOを行うことで「株主＝経営陣」となりこのため短期的な業績向上にこだわることなく、中長期的な視点で事業を展開していくことができます。

②　経営の自由度や意思決定のスピードを上げることができる

　企業を取り巻く変化に伴い環境は常に変化しています。このような環境下で複数の株主が存在すると、最終的な決定・実行までに一定の時間を要してしまいます。MBOにより経営陣が株式を保有することで経営判断の自由度を高めるとともに、意思決定を迅速に行えます。

③　TOBを回避できる

　アクティビスト（物言う株主）は最近メディアで頻繁に登場していますが、それも含めてTOBで敵対的買収など当該企業から見て望ましい買い手以外が登場する場面もあります。MBOを活用すれば現在の経営陣が株主となり、一定の株式のシェアを保有するためTOBの対抗策として有効な手段にもなります。

④　コスト削減

　上場企業はIRなど企業情報の開示に伴う社内体制の整備が必要であり、監査法人への報酬や証券代行費用等の上場維持コストが年間一定額発生し続けます。

　そのため、上場のメリットがあまりないならば、上場企業がMBOを行い非上場化することで、それらのコストを削減できます。

⑤　従業員からの反発が少なくなる

　M&Aでは一般的に外部の第三者に経営権が取得されることになるため、対象企業の従業員は、雇用の継続や雇用条件の変化などに対して不安が大きくな

る傾向にあります。

MBO を活用すれば現在の経営陣が経営権を取得するため、対象企業の従業員からすると大きな変化がなく、反発やモチベーションの低下を抑えやすくなります。

⑥　事業承継における後継者問題を解決できる

事業承継を行うにあたり、特に中小企業においては親族に後継者がいない場合は MBO であれば信頼できる現在の経営陣に会社を引き継ぐことができます。また、後継者で株式の取得資金の調達が難しい場合でも、特別目的会社（以下、SPC。SPC は Special Purpose Company の略）を利用した MBO のスキームであれば、円滑な事業承継を行える可能性があります。

(2) MBO を行う上でのデメリット

一方でデメリットも考えられますが、まず言えるのは少数の既存株主から反対を受ける可能性があることです。

MBO は、全発行済み株式すべての取得を目指して上場廃止を行う方法です。そのため、少数でも既存株主から反対を受ける可能性もあります。それらの対処方法としては、全部取得条項付種類株式型を利用した方法や、株式交換型を利用した方法が行われた事例がありますが、いずれも会社法務に精通しておかなければならないといえます。

また一方で、通常株式会社では株主総会を行うことで経営を監視していますが、MBO を実施して上場廃止を行うと、監視する株主がいなくなるため監視機能がなくなり、経営方針の考えが偏ってしまうリスクが発生します。

別の観点からになりますが、買収後に残る債務については留意しなければなりません。MBO を行うほとんどのケースでは、金融機関やファンドなどから資金調達を行うため、その債務は今後収益を上げて返済をしていく必要があります。

(3) MBO を実行した企業

　MBO は最近でも実施されておりまして、たとえばニチイ学館、イグニス、ダイオーズといった名前があげられます。業績は順調であるが市場で労働人口が減少傾向にあり、自社の迅速な改革が必要と判断したためであるとか、創業者の死亡により事業承継対策が必要となったとか、コロナ感染で本業の業績が戻らない、新規事業の開発投資が重くのしかかるなど理由は会社ごとでさまざまですが、いずれも MBO によって意思決定を迅速に行い対応することができるようになったと言えます。

第5節

それでも IPO がしたいのか

　ここまで、IPO をとりあげて、できるだけ新しい情報をご提供してきました。その上で IPO をやられるか、やりたいかそうでないかは今すぐに決めることではありませんが、熟考すべきです。

　証券会社から営業が来た、知人経営者がやってるから、出口戦略上で、などほかにもいくつもきっかけはありますが IPO してからは投資家からの目線が厳しくなることから、そのプレッシャー以上のモチベーションを維持する必要があります。IPO への道のりは非常に険しくまたオーナー企業は自由を重要視することが多いと思います。管理コスト増大やガバナンス強化など時間的余裕も少ない中で迅速な意思決定が求められます。またキャピタルゲインを主に考えるならば、前述のように M&A によるバイアウトがあります。いずれにしても上場企業は、長期的な視点にたって経営出来ない可能性あるということは、スタートアップ・ベンチャー企業の経営者の方々にはご認識していただきたいところです。

　それでもなお IPO をすると決めたならば、例えば業績を伸ばしながら経営管理体制を整備する覚悟を決め、かつ上場までの計画を決めることです。具体的には上場までのスケジュールとかかるコスト、それまでの資金計画、採用計画など、やるべきことにすぐにでも着手することが肝要です。

第3章

そもそも
IPO が可能かどうか
準備を始める前に
確かめるべきこと
〜セルフチェック〜

第1節
外部の専門家に相談する前に、まずは IPO 達成に必要な条件を知ろう

　上場企業を目指そうと決め IPO を意識した際に、まずは証券会社や監査法人などといった IPO に関する外部の専門家に相談することを思い浮かべる方もいるでしょう。IPO が可能かどうかについて、外部の専門家に相談をする時には、会社の状況を開示する必要がありますが、IPO に進むと明確に意思決定していない時点で、会社の情報を外部に提供することに抵抗感がある経営者もいらっしゃるかもしれません。また、自社の他の株主や役員との関係から IPO を目指すことについては、ある程度、見込みが立つまで、できるだけそのこと自体を伏せておきたいというニーズをお持ちの経営者もいるでしょう。

　そこで、外部専門家に相談する前に、まずは経営者自ら IPO 達成に必要となるための要件を知り、IPO がそもそも可能かどうかについて自らセルフチェックを行ってみましょう。

　スタートアップ・ベンチャー企業の多くは、東京証券取引所グロース市場を目指すと思われます。そのため、本書では、グロース市場の上場に関する内容を中心に解説していきます。

　グロース市場上場の要件は、大きく「**形式要件**」と「**実質要件**」の2つがあります。上場に際しては、**どちらか一方のみの要件を達成すれば良いというものではなく、両方の要件を同時に満たす必要があります。**

　なお、他の市場についても要件の違いはありますが、上場に際しては、客観的な判断基準のある形式要件と個別的に内容を検討する実質要件の両要件を満たす必要があります。

第2節

東京証券取引所グロース市場の形式要件

1. グロース市場の形式要件

　東京証券取引所グロース市場（以下、「グロース市場」といいます）新規上場
の形式要件は、以下のとおりです。

〈東証グロース市場の形式要件〉

2023 年 4 月 1 日現在

項目	グロース市場への新規上場
(1) 株主数 　　（上場時見込み）	150 人以上
(2) 流通株式 　　（上場時見込み）	a．流通株式数　1,000 単位以上 b．流通株式時価総額　5 億円以上 　（原則として上場に係る公募等の価格等に、上場時において見込まれる流通株式数を乗じて得た額） c．流通株式比率　25％以上
(3) 公募の実施	500 単位以上の新規上場申請に係る株券等の公募を行うこと 　（上場日における時価総額が 250 億円以上となる見込みのある場合等を除く）
(4) 事業継続年数	1 か年以前から株式会社として継続的に事業活動をしていること
(5) 虚偽記載又は不適正意見等	a．「上場申請のための有価証券報告書」に添付される監査報告書（最近 1 年間を除く）において、「無限定適正」又は「除外事項を付した限定付適正」

	b．「上場申請のための有価証券報告書」に添付される監査報告書等（最近1年間）において、「無限定適正」 c．上記監査報告書又は　四半期レビュー報告書に係る財務諸表等が記載又は参照される有価証券報告書等に「虚偽記載」なし d．新規上場申請に係る株券等が国内の他の金融商品取引所に上場されている場合にあっては、次の（a）及び（b）に該当するものでないこと 　（a）最近1年間の内部統制報告書に「評価結果を表明できない」旨の記載 　（b）最近1年間の内部統制監査報告書に「意見の表明をしない」旨の記載
（6）登録上場会社等監査人による監査	「新規上場申請のための有価証券報告書」に記載及び添付される財務諸表等について、登録上場会社等監査人（日本公認会計士協会の品質管理レビューを受けた者に限る。）の監査等を受けていること
（7）株式事務代行機関の設置	東京証券取引所（以下「東証」という）の承認する株式事務代行機関に委託しているか、又は当該株式事務代行機関から株式事務を受託する旨の内諾を得ていること
（8）単元株式数	単元株式数が、100株となる見込みのあること
（9）株券の種類	新規上場申請に係る内国株券が、次のaからcのいずれかであること a．議決権付株式を1種類のみ発行している会社における当該議決権付株式 b．複数の種類の議決権付株式を発行している会社において、経済的利益を受ける権利の価額等が他のいずれかの種類の議決権付株式よりも高い種類の議決権付株式 c．無議決権株式
（10）株式の譲渡制限	新規上場申請に係る株式の譲渡につき制限を行っていないこと又は上場の時までに制限を行わないこととなる見込みのあること
（11）指定振替機関における取扱い	指定振替機関の振替業における取扱いの対象であること又は取扱いの対象となる見込みのあること

（出典：東京証券取引所　グロース市場の形式要件　https://www.jpx.co.jp/equities/listing/criteria/listing/02.html）

2．グロース市場の形式要件で注目すべきポイント
～流通株式時価総額5億円以上～

　グロース市場の形式要件の中で、IPOの実務において注目すべき要件は、形式要件（2）流通株式 b．**流通株式時価総額5億円以上**という要件です。

（1）流通株式時価総額とは？
　流通株式時価総額は、以下の式で表されます。

　「流通株式時価総額」＝「流通株式数」×「株価」

（2）株価の求め方
　まず、後者の「株価」ですが、株価は取引所で売買される時の当該株式の価格（売買単位当たりの単価）です。個々の上場企業の株価は、証券会社の株価ボードやインターネット等でも気軽にチェックすることができるのでイメージしやすいと思います。ただ、IPOを目指す時点では、自社の株式が取引所で取引されていませんので、ここでの株価は、あくまでIPO時点の株価ということになります。しかし、IPOの時にならないと、形式要件が満たされているかどうか分からないということでは、IPOができるかどうかの判断ができません。
　では、IPO前に、IPO時の株価（IPOの実務で意識されるのは、公募価格といわれるものです）は、どのように想定すれば良いのでしょうか。
　IPOをする時の株価は、IPO時点の1株当たり予想当期純利益に類似企業のPER（株価収益率）を乗じて、そこから割引（IPOディスカウント）をしたものとなります。この割引については、一般的に20%から30%程度と言われています。

IPO時点の株価＝
IPO時点の1株当たり予想当期純利益×類似企業のPER（株価収益率）×
（1−割引（IPOディスカウント））

　PER（株価収益率）、1株当たり当期純利益は、以下のようにして求めることができます。

PER（株価収益率）＝株価÷1株当たり当期純利益
1株当たり当期純利益＝当期純利益÷発行済株式総数（自己株式は控除）

　例えば、類似企業のPER（株価収益率）が10倍、1株当たり当期純利益が500円、割引率20％とすると、

　株価＝10×500×（1−0.2）＝4,000円

となり、IPO時の株価は4,000円と計算できます。

(3) 流通株式数とは

　一方、流通株式数は、以下のようになります。

(1) 上場株式数には、自己株式数を含みます。

(2) このうち本ページの「上場株式数の10％以上を所有する者が所有する株式の取扱いについて」に掲げるものは流通株式に含めるものとします。

(3) 役員とは、取締役、会計参与、監査役及び指名委員会等設置会社の場合の執行役とし、役員持株会も含みます。執行役員制度を採用している会社の取締役でない執行役員は含みません。一方役員以外の特別利害関係者を含みます。
　　なお特別利害関係者とは ⅰ 上場会社の役員の配偶者及び二親等内の血族、ⅱ役員又は前ⅰに掲げる者が議決権の過半数を保有する会社、ⅲ上場会社の関係会社及びその役員を指します。

(4) 自己株式の処分を決議した場合は、当該株式数を控除します。

(5) このうち本ページの「国内の普通銀行、保険会社、事業法人等が所有する株式の取扱いについて」を満たすものは流通株式に含めるものとします。

（出典：https://www.jpx.co.jp/equities/listing/continue/details/02.html）

　上述の式は、ちょっと複雑そうに感じるかもしれませんが、ざっくり説明し

ますと、**企業が発行している株式数から、10%以上保有している大株主や役員が保有する株式、自社で自己株式として所有している株式、銀行や保険会社等が保有する株式を除いたもの**です。通常、これらの株主は売買せずに保有していることから、これら**流通されない不動的な株式を除き、取引所で売買される可能性がある株式が流通株式数になります。**

　例えば、自社が株式を 10 万株発行しており、そのうち、オーナーである社長及びその親族が 6 万株、役員が 0.5 万株を保有して、残りがすべて取引所で売買可能な株式だとすると、流通株式数は、

　10 万株 - 6 万株 - 0.5 万株 = 3.5 万株

となります。

(4) 流通株式時価総額 5 億円以上の意味することの意味は？

　グロース市場の形式要件である流通株式時価総額 5 億円以上という基準を満たそうとする場合、具体的には、**「流通株式数」×「株価」が 5 億円以上となることを検討する**ということになります。それぞれの要素ごとに検討してみましょう。

① 流通株式数

　まず、流通株式数については、役員やその親族などの安定的な株主が保有する株式をどの程度の割合にするのかということを検討する必要があります。

　この点については、「第 4 章第 4 節 2. 資本政策について」で解説しますので、詳細はそちらをご覧いただければと思いますが、ざっくり言いますと、**IPO 時点でどの程度の株式を株式市場に放出する（流通させる）**かということです。**この数が多くなれば、流通時価総額は高くなります。他方、株価が低く流通株式が多すぎる場合、他の株主が自社の株を買い進めることによって企業が乗っ取りを受けるリスクが生じます。**また、一度に、大量の株式が市場に放出され過ぎると、自社の株式に対する需給のバランスが崩れることによって、**自社の企業価値に比べて大幅に株価が下落する可能性が高まります。**いずれ

も、経営が不安定になる要素であり、リスクとなるため、IPOの実務では、経営陣などの安定株主がIPO時にどの程度の割合の株式を所有するかという目標を最初に決めます。

　スタートアップ・ベンチャー企業の場合、**基本的には、自社の発行済み株式総株数の3分の2以上を安定株主で保持すること**を念頭に、シミュレーションするケースが多いと思われます。そこから、自己株式数や　国内の普通銀行、保険会社、事業法人等が所有する株式など流通株式とならないものを控除して、流通株式を想定します。

②　株価

　一方、株価については、PER（株価収益率）とIPO時点での1株当たり（予想）当期純利益によって算定することになります。

　PER（株価収益率）は、その企業のビジネスモデルや提供している役務やサービスの内容によって異なりますが、多くのケースでは、**自社が属する業界におけるライバル上場企業のPER（株価収益率）の平均や直近にIPOをした企業が参考にされます**。なお、どの程度のPER（株価収益率）となるかについては、主幹事証券会社候補などに相談することにより、ある程度の目安が得られますが、とりあえず10とするのもひとつの方法です。

　また、IPOディスカウントは、一般に、20％から30％くらいと言われています。

③　IPO時、当期純利益はいくら必要なのか？

　①、②において、流通株式数、PER（株価収益率）、ディスカウントが決まると、流通株式時価総額5億円以上を計算するために残る要素は、IPO時の当期純利益のみになります。

　IPO時の当期純利益として必要な金額を計算するためには、以下の式を使用します。

流通株式時価総額＝流通株式数×株価

IPO 時点の株価＝
IPO 時点の１株当たり当期純利益×類似企業の PER（株価収益率）×（1 −
割引（IPO ディスカウント）
１株当たり当期純利益＝当期純利益÷発行済株式総数

これらの数式に代入して、整理しますと、以下のようになります。

IPO 時に必要な当期純利益＝
流通株式時価総額×発行済株式数÷（流通株式数× PER ×（1 − IPO ディ
スカウント））

仮に、発行済株式総数 10 万株、流通株式数 2.5 万株、PER（株価収益率）10
倍、IPO ディスカウントを 20％として、流通株式時価総額 5 億円以上を達成
するために必要な事業計画上の当期純利益を算出してみましょう。

IPO 時に必要な当期純利益＝
5 億円× 10 万株÷（2.5 万株× 10 ×（1 − 20％））

となり、当期純利益として 2.5 億円が必要ということになります。
　当期純利益、税金、経常利益（特別損益が発生しない前提）については、以下
の関係があります。

当期純利益＝経常利益×（1 −実効税率）

なお、実効税率は税引前当期純利益に対する税負担率ですが、特別損益が発
生しないことを前提にしますと、上記のように考えられます。
　仮に、実効税率 35％とし、特別損益が発生しないことを前提として、上述
の例の当期純利益 2.5 億円となる場合

経常利益＝当期純利益÷（1 −実効税率）

$$= 2.5\,億円 \div (1 - 0.35)$$
$$= 3.846\,億円$$

となり、約4億円弱の経常利益がIPO時に必要となります。

　参考までに、流通株式の割合、PER（株価収益率）、IPOディスカウントをそれぞれ変えて、シミュレーションしたIPO時に必要となる経常利益の金額は下記の表のようになります。

〈流通株式数割合及びPERの関係のシミュレーション〉

流通株式数の割合　（%）	25%	33%	50%	25%	33%	50%
PER（期待収益率）	10	10	10	20	20	20
IPOディスカウント　（%）	20%	20%	20%	20%	20%	20%
IPO時に必要な当期純利益（億円）	2.5	1.9	1.3	1.3	0.9	0.6
IPO時に必要な経常利益（億円）	3.8	2.9	1.9	1.9	1.4	1.0

流通株式数の割合　（%）	25%	33%	50%	25%	33%	50%
PER（期待収益率）	10	10	10	20	20	20
IPOディスカウント　（%）	30%	30%	30%	30%	30%	30%
IPO時に必要な当期純利益（億円）	2.86	2.1	1.4	1.4	1.1	0.7
IPO時に必要な経常利益（億円）	4.4	3.3	2.2	2.2	1.6	1.0

（注）実効税率は35%としています。

　なお、実際には、当期純利益が数千万円でIPOしている企業の例もありますし、PER（株価収益率）は、ビジネスモデルや時流の銘柄かどうか、その時の経済情勢などによっても、大きく異なります。あくまでも参考レベルかもしれませんが、まずは自社のビジネスモデル、提供している役務やサービスから類似企業のPER（株価収益率）を推測して、IPOに必要となる利益のハードルを事前に把握することは、IPOを進めるかどうかの判断をするうえで、重要な

ポイントになると思います。

④　流通株式時価総額を満たすために必要な当期純利益が目標に届かない場合

　IPO 時の当期純利益（1 株当たり当期純利益）が、流通時価総額のシミュレーションの観点から必要となる金額に満たない場合には、以下の対応が考えられます。

　　ａ．流通株式数を増加させる
　　ｂ．ビジネスモデルや提供する役務やサービスを見直し、投資家から高い評
　　　　価を受ける（高 PER となる）ように戦略を変更する

　ａ．については、資本政策と関係する部分であり、足りないからといってむやみやたらに流通株式数を増加させればいいというものではありません。流通株式が多すぎる場合、かえって投資家から評価されずに公募価格が下がるケースもあるでしょうし、上場後に外部株主から企業買収等されるリスクも高くなります。

　また、ｂ．のビジネスモデルや提供する役務やサービスを見直し、変更するケースの場合、変更後一定期間の時間が必要となります。IPO の過程では、主幹事証券会社が、申請企業が上場企業としてふさわしいかどうかについて審査を行うのですが、その審査の過程では、変更後の内部管理体制の状況や業績の実績（少なくとも半年から 1 年以上）が求められることが多いことから、IPO 準備がある程度進んだ時点で、これらを変更しようとする場合には、IPO スケジュールの延期というリスクが発生します。

　そのため、IPO を目指すかどうかを検討する初期の時点で、IPO 時に求められる業績のハードルを確認し、必要に応じて対策をすることは、IPO を目指す上では有用なことになります。

第3節

東京証券取引所グロース市場の実質要件

1. 実質要件

　実質要件については、グロース市場の上場に関する規則において実質審査基準として、次の5つの要件があげられています。

〈東証グロース市場の実質要件〉

有価証券上場規程第219条	上場審査等に関するガイドラインⅣ（要約）
1. 企業内容、リスク情報等の開示の適切性 　企業内容、リスク情報等の開示を適切に行うことができる状況にあること。	(1) 経営に重大な影響を与える事実等の会社情報を管理し、当該会社情報を適時、適切に開示することができる状況にあること。また、内部者取引等の未然防止に向けた体制が適切に整備、運用されていること。
	(2) 企業内容の開示に係る書類が法令等に準じて作成されており、かつ、投資者の投資判断に重要な影響を及ぼす可能性のある事項、リスク要因として考慮されるべき事項、事業計画及び成長可能性に関する事項について投資者の投資判断上有用な事項、主要な事業活動の前提となる事項について分かりやすく記載されていること。
	(3) 関連当事者その他の特定の者との間の取引行為又は株式の所有割合の調整等により、企業グループの実態の開示を歪めていないこと。

	(4) 親会社等を有している場合、申請会社の経営に重要な影響を与える親会社等に関する事実等の会社情報を申請会社が適切に把握することができ、かつ、投資者に対して適時、適切に開示できる状況にあること。
2. 企業経営の健全性 　事業を公正かつ忠実に遂行していること。	(1) 特定の者に対し、取引行為その他の経営活動を通じて不当に利益を供与又は享受していないこと。
	(2) 親族関係、他の会社等の役職員等との兼職の状況が、役員としての公正、忠実かつ十分な職務の執行又は有効な監査の実施を損なう状況でないこと。
	(3) 親会社等を有している場合、申請会社の経営活動が親会社等からの独立性を有する状況にあること。
3. 企業のコーポレート・ガバナンス及び内部管理体制の有効性 　コーポレート・ガバナンス及び内部管理体制が、企業の規模や成熟度等に応じて整備され、適切に機能していること。	(1) 役員の適正な職務の執行を確保するための体制が相応に整備され、適切に運用されている状況にあること。
	(2) 経営活動を有効に行うため、その内部管理体制が相応に整備され、適切に運用されている状況にあること。
	(3) 経営活動の安定かつ継続的な遂行、内部管理体制の維持のために必要な人員が確保されている状況にあること。
	(4) 実態に即した会計処理基準を採用し、かつ会計組織が適切に整備、運用されている状況にあること。
	(5) 法令等を遵守するための有効な体制が適切に整備、運用され、また最近において重大な法令違反を犯しておらず、今後においても重大な法令違反となる恐れのある行為を行っていないこと。
4. 事業計画の合理性 　相応に合理的な事業計画を策定しており、当該事業計画を遂行するために必要な事業基盤を整備していること又は整備する	(1) 事業計画が、そのビジネスモデル、事業環境、リスク要因等を踏まえて、適切に策定されていると認められること。
	(2) 事業計画を遂行するために必要な事業基盤が整備されていると認められること又は整備される合理的な見込みがあると認められること。

合理的な見込みのあること。	
5.　その他公益又は投資者保護の観点から当取引所が必要と認める事項	(1) 株主等の権利内容及びその行使の状況が、公益又は投資者保護の観点で適当と認められること。
	(2) 経営活動や業績に重大な影響を与える係争又は紛争を抱えていないこと。
	(3) 主要な事業活動の前提となる事項について、その継続に支障を来す要因が発生していないこと。
	(4) 反社会的勢力による経営活動への関与を防止するための社内体制を整備し、当該関与の防止に努めていること及びその実態が公益又は投資者保護の観点から適当と認められること。
	(5) 新規上場申請に係る内国株券が、無議決権株式（当該内国株券以外に新規上場申請を行う銘柄がない場合に限る。）又は議決権の少ない株式である場合は、ガイドラインⅣ　6.（5）に掲げる事項のいずれにも適合すること。
	(6) 新規上場申請に係る内国株券が、無議決権株式である場合（当該内国株券以外に新規上場申請を行う銘柄がある場合に限る。）は、ガイドラインⅣ　6.（6）に掲げる事項のいずれにも適合すること。
	(7) その他公益又は投資者保護の観点から適当と認められること。

（出典：東京証券取引所　Ⅳ上場審査の内容（有価証券上場規程第219条関係）実質基準一覧表　https://www.jpx.co.jp/equities/listing-on-tse/new/guide-new/nlsgeu000005p64a-att/nlsgeu000005p6ap.pdf）

　これらのうち本書では、IPOの実務において、特に問題となる点について、解説をしていきます。

2. 企業内容、リスク情報等の開示の適切性

(1) 企業に関する重要な情報の開示と管理の体制について

　東京証券取引所が公表しているグロース市場の新規上場ガイドブック（グロース市場編）の4. 上場審査の内容（有価証券上場規程第219条関係）において、

> 「グロース市場は、高い成長可能性を実現するための事業計画及びその進捗の適時・適切な開示が行われ一定の市場評価が得られる一方、事業実績の観点から相対的にリスクが高い企業及びその企業に投資をする機関投資家や一般投資家のための市場です。当市場では上場企業による企業内容、リスク情報等の適切な開示が重要と考えられるため、当該基準を実質基準のはじめに掲げています。」

と記載されております。

　グロース市場は、スタートアップ・ベンチャー企業などの成長性が高い可能性がある企業が数多く上場していますが、プライム市場やスタンダード市場と比べて、社歴が浅いケースも多く、業績も含めた事業の安定性という観点については、投資家が投資をする際に大きな関心を寄せるところです。また、ビジネスモデルを含めた事業の変更やM&Aなど企業の業績に大きな影響を与える意思決定なども迅速に行われるケースも多く、そのような重要な情報が適時・適切に投資家に開示されない場合には、投資家が誤った投資判断をするケースがあります。さらに、そのような重要な情報が公表される前に当該情報を使って投資を行う、いわゆるインサイダー取引が行われてしまうと、株式市場の公平性が害される危険性があります。

　そのため、a. 投資家の投資判断に重要な影響を与える情報を適時・適切に開示できるような仕組みとなっているかどうか、b. 投資判断に重要な影響を与える情報が公表までに適切に管理できる仕組みとなっているかどうかについて上場審査において確認が行われます。

　これらの鍵になるのがバックオフィスの強化です。スタートアップ・ベンチャー企業は、一般的にバックオフィスにおける管理が強くないケースが多く、IPO を目指す過程でバックオフィスの強化は必須となります。また、役員・従業員に対するインサイダー取引防止に関する教育、セキュリティの確保などによる対応も必要な事項となります。

(2) 企業内容やリスク情報、成長の実現に向けて策定された事業計画の開示について

　企業の内容を投資に説明する部分については、自社のビジネスモデルや取引の流れを説明することが多く、あまり問題となるケースはありません。

　IPO の実務において、企業に生じ得る様々なリスクを投資家に開示する「リスク情報」と「事業計画及び成長可能性に関する事項」が IPO を目指す上で問題になるケースがありますので、その内容を解説していきます。

①　リスク情報

　リスク情報とは、投資家に投資判断に重要な影響を及ぼす恐れのある可能性のある事項を記載したものです。リスク情報については、経営的、法務的、人事的な観点などから企業内外に存在する様々なリスクを洗い出すことが、最初のステップになります。

　IPO の実務をやっていると、経営陣をはじめ管理部門の責任者も自社に内在するリスクを十分に把握していないケースが見受けられます。そのようなことが発生する理由としては、社内の人間にとっては、そもそも当たり前のことだと思っており、内在するリスクをリスクとして認識していないことや、経営陣の過信、リスクに関する情報が経営陣に集まらないことなど様々な要因があります。そのため、まずは、IPO を達成した他社（特に同業の企業）や上場企業のリスク情報を分析し、どのようなリスクが自社にも当てはまるのかを認識することが有用になります。また、バックオフィスである管理部門に企業内外の様々な情報が集約され、一元的に管理されるような仕組みを構築する必要があ

ります。

　なお、実際にどのリスクを開示するのかについては、個々の企業のビジネスモデルや内部・外部環境等によって異なります。ある企業にとっては重要であっても、別の企業にとっては重要でないということもあります。そのため、同じ業界の上場他社のリスク情報であったとしても、すべてのリスクを網羅的に記載しているわけではないことに留意する必要があります。

　また、**リスク情報においては、単にリスクがあると投資家に開示しているのみならず、各企業が当該リスクに対してどのような対策を行っているかが開示されています。**スタートアップ・ベンチャー企業においては、リスクとして認識されたもの対する対応策が必ずしも十分に当該リスクに対応できていないというケースもあるでしょう。また、ものによっては、対応策の中には経営の効率性を害するケースもあり、対策に躊躇してしまうかもしれません。しかしながら、**リスクを認識しながら、何も対策を行わないということは、**上場企業としては不適切ですし、**株主から訴訟を起こされるリスクも生じます。**そのため、IPO の準備に入る前に他社のリスクに対する対応策を把握し、自社のビジネスにどのような影響が生じるのかについても把握しておくことは有用なことだと思われます。

　なお、リスク情報として、東証グロース市場の新規上場ガイドブックでは、以下のようなものを挙げています。

---

a．社歴・業歴が浅いこと
b．財政状態、経営成績及びキャシュフローの状況に係るリスク
c．過去の業績のトレンドが投資判断上、有用性が低い又は低くなる可能性があることに係るリスク
d．業界環境等の著しい変化に係るリスク
e．特定の人物または特定の技能等を有する人材への高い依存度に係るリスク
f．新製品及び新技術に係る長い事業化・商品化期間に係るリスク
g．特定の製品、技術等で将来性が不明確であるものへの高い依存度に係るリスク
h．特定の取引先等で取引の継続性が不安定であるものへの高い依存度に係る

> リスク
> i．特有の法的規制または取引慣行等に係るリスク（主に、法規制）
> j．主要な事業活動の前提となる事項に係るリスク（主に、許認可等）
> k．重要な訴訟事件等の発生に係るリスク
> l．関連当事者その他特定の者との間の重要な取引関係等に係るリスク
> m．大株主との関係にかかわるリスク
> n．現在あるいは今後の事業展開に係るリスク
> o．その他投資者の判断に重要な影響を及ぼす可能性がある事項に係るリスク
> （主に、ストックオプション、既存株主との株式売却に関する契約）

（出典：東京証券取引所2023年新規上場ガイドブック（グロース市場）https://www.jpx.
co.jp/equities/listing-on-tse/new/guide-new/nlsgeu000005p64a-att/
nlsgeu000005p6ap.pdf)

　これらのリスクはスタートアップ・ベンチャー企業に多くあるリスクであり、リスクの分析とそれに対する対応策が必要になります。また、上記以外にも、一般的に下記の事項については、上場企業がリスク情報として取り上げられるケースが多く見受けられます。

　　p．競合他社の存在

　　q．人材確保の困難

　　r．知的財産権の侵害

　　s．セキュリティリスク

　　t．自然災害等の発生

　このうち、t．自然災害等の発生などのように、個々の企業レベルでは対応がなかなか難しいリスクも存在します。他方、p．競合他社の存在については、差別化を図るビジネスモデルの構築などにより対応可能と思われますし、q．人材確保の困難についても魅力あふれる職場環境やテレワーク、フレックス制などの働き方、給与面等の労働条件等の改善が有効なケースもあります。r．知的財産権の侵害やs．セキュリティリスクについても専門部署の設置や外部専門家の活用などにより対策は可能と思われます。

　経営者の中には、リスク情報の開示については、自社の弱みを曝け出すようなイメージから開示することについて消極的な人もいます。リスク情報の開示は、投資家の投資判断に資するという側面もありますが、同時に、開示されているリスクについては、投資家はそれを踏まえて投資の意思決定をしているともいえます。

　万一、重要なリスクが顕在化した場合、開示**された**重要なリスクが顕在化することにより企業に損害が生じたケースに比べ、開示**されていない**重要なリスクが顕在化することにより企業に損害が生じたケースでは、後者の方が経営陣に対して株主等から損害賠償を含めた責任追及が厳しくなる可能性があります。そのため、**リスク情報の開示は、投資家のみならず、経営者を保護する側面がある**という認識をお持ちください。

　なお、金融庁のHPには、記述情報の開示の好事例集というものが毎年公表されており、その中には、「事業等のリスク」の開示例が記載されていますので、どのようなものがあるか参考にしてみても良いと思われます。（参考：金融庁　https://www.fsa.go.jp/news/r4/singi/20230131/06.pdf）

②　「事業計画及び成長可能性に関する事項」

　次に、「事業計画及び成長可能性に関する事項」について、見ていきましょう。「事業計画及び成長可能性に関する事項」は、ａ．ビジネスモデル、ｂ．市場環境、ｃ．競争力の源泉、ｄ．事業計画、ｅ．リスク情報の５個の項目に関して開示することとなっています。

　ａ．ビジネスモデル

　　ビジネスモデルについては、自社のビジネスモデルや製商品、役務やサービスなどを分かりやすく記載することとなっています。多くのケースでは図やチャートを用いてビジネスフロー（仕入先等の上流から顧客への流れ）で表したり、自社の事業ごとのセグメント（事業セグメント情報といったりします）を表わすケースが多いです。また、製商品、役務やサービスについて、事業セグメントごとの売上高や営業利益を開示しているケース

もあります。投資家が自社のビジネスモデルを簡潔に理解しやすいように説明しているケースが多いです。なお、「事業計画及び成長可能性に関する事項」は、グロース市場に上場している他社のビジネスモデルの分析としても活用できます。

　なお、余談ですが、一般に、投資家がビジネスモデルを見る際には、イ.**収益性**（高い収益を獲得できるかどうか）、ロ.**競争力**（他社と比較して競争優位性をもっているかどうか、また、その優位性は持続するかどうか）、ハ.**成長性**（将来成長する可能性があるかどうか）などに注目します。IPOを目指そうと考えている経営者の方は、自社のビジネスモデルを検討する際にはこれらの点を意識することが有用です。

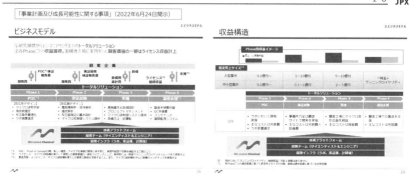

（出典：東京証券取引所　上場部　【ビジネスモデル】に関する事例1－6　https://faq.jpx.co.jp/disclo/tse/web/knowledge8470.html)

b．市場環境

　市場環境は、企業がターゲットとする具体的な市場規模や市場の状況（市場の成長や変化が見込まれるのか、また、競合の状況）などを記載することになります。ここでの市場規模は、TAM（Total Addressable Market）のみならず、SAM（Serviceable Available Market）やSOM（Serviceable Obtainable Market）を示すことが投資家からは期待されており、それは単なる企業の推測ではなく、**できるかぎり信憑性や客観性が高いデータ等を示すこと**が求められています。

　IPOの実務においては、市場規模についてこのできる限り信憑性や客観性が高いデータ等を把握することが難しいケースがあります。特に、スタートアップ・ベンチャー企業は、革新的な製・商品、サービスやビジネスモデルで従来に無い新たな市場を開拓しているケースも多く、外部の市

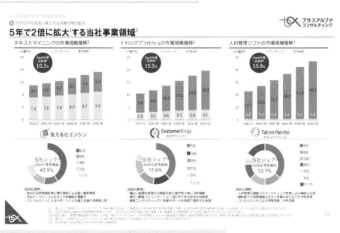

プラスアルファ・コンサルティング（4071、情報・通信業）　【市場環境−市場規模】2-5　JPX

（出典：東京証券取引所　上場部　【市場環境—市場規模】に関する事例2−5　https://faq.jpx.co.jp/disclo/tse/web/knowledge8470.html）

場規模を調査する経済研究所等が市場規模データを把握できていないケースもあります。また、SAM（Serviceable Available Market）や SOM（Serviceable Obtainable Market）についても、変化の激しいスタートアップ・ベンチャー企業においては刻々と変化していることもあり、客観性を持って開示するのが難しいケースもあると思われます。

　なお、IPO を達成した他社の市場規模情報を活用し、自社のビジネスモデルに反映させることは有用な活用例の 1 つになるでしょう。また、他社事例では、自社の現在のシェアや目標シェアを記載しているケースもあります。目標シェアは戦略や事業計画にも大きく関連してくる部分であり、同時に、成長性をアピールするポイントにもなると思われます。

c ．競争力の源泉

　競争力の源泉には、**自社の成長を促す技術や知的財産、ビジネスモデ**

（出典：東京証券取引所　上場部　【競争力の源泉】に関する事例 3 － 3　https://faq.jpx. co.jp/disclo/tse/web/knowledge8470.html）

ル、ノウハウ、ブランド、人材などの競争優位性について記載することに
なります。自社の特徴や強みを事業と関連付けて説明したり、業界や外部
経営環境を分析したりするうえで、どのような点に競争優位性があるのか
を説明します。この部分は、スタートアップ・ベンチャー企業の経営者の
方が日頃のプレゼンで得意とされている方も多いと思われます。

d．事業計画

　経営方針や成長戦略を実現するための**中期的な事業計画について、具体
的な施策**を記載します。具体的な施策としては、**研究開発計画、設備投資
計画、マーケティング計画、人員計画及び資金計画**などです。また、**経営
上重要視している進捗度を示す重要な経営指標について、採用した理由と
実績値及び目標値**を記載します。

　IPOの実務において、経営者に中期事業計画の作成を依頼すると、売上
が倍々に伸びていく事業計画が出てくるケースが多く見受けられます。市
場の成長や自社の製・商品やサービスに対するニーズが大きくなることを
踏まえて、そのような成長を描いているものと思われます。無論、そのよ
うに、実績として倍々で伸びてきているからということもあると思いま
す。しかしながら、売上や企業の成長が倍々で長期に渡って伸び続けてい
くことは、仮に市場が加速度的に拡大していたとしても、人材や資金面な
どから難しいことが多いのです。また、事業計画は、損益のみならず、研
究開発や設備投資、人員、資金などの計画を総合的に考えて作成する必要
がありますが、それらを考慮して作成されているケースは稀で、他の要素
を総合的に考慮すると、事業計画が絵に描いた餅であることも多く見受け
られます。

　経営陣の経歴などのバックグラウンドにもよるとは思いますが、多くの
スタートアップ・ベンチャー企業では、上場企業における経営企画的な役
割を担う部署が無いことが多く、最初から経営に大きく関係する要素（経
営資源）を加味した中期事業計画を作成できるケースは多くありません。
また、IPOを目指すかどうかを判断する時点では、上記のような要素まで

を加味して中期事業計画が作成できる必要まではないかもしれません。

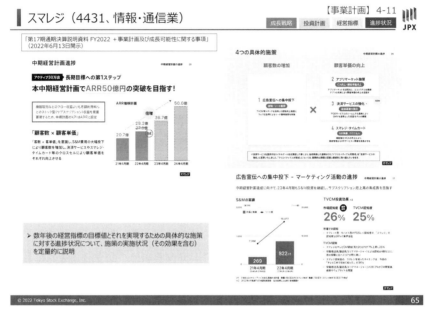

（出典：東京証券取引所　上場部　【事業計画】に関する事例4−11　https://faq.jpx.co.jp/disclo/tse/web/knowledge8470.html）

　　そこで、本書で提案したいのは、IPOを目指すかどうかの検討する時点における簡易的な中期事業計画の作成方法です。

　　以下、作成手順を説明していきます。

（参考）IPOの目指すかどうかの検討する時点での、簡易的な中期事業計画の作成方法

〈簡易的な中期事業計画作成手順〉

　A　自社のビジネスモデルで一番重要なキーファクターを抽出する

　B　一番重要なキーファクターと売上高との整合性を検討する

　C　Bを踏まえ必要となる一番重要なキーファクターを揃えるために**必要と**

なる資金繰りや組織を考える

D　B及びCに基づき、中期経営計画をブラッシュアップする

A　自社のビジネスモデルで一番重要なキーファクターを抽出する

　　まず、自社のビジネスモデルで一番重要なキーファクターになるものを
考えます。例えば、ネットでアプリや情報サービスを提供する企業であれ
ば、ソフトウェアやシステムなどの開発でしょうし、人的パワーによるコ
ンサルティングサービスを提供する会社であれば、コンサルタント（人）
でしょう。コンテンツを販売するのであれば、マーケティング費用などが
重要なキーとなるかもしれません。

B　一番重要なキーファクターと売上高との整合性を検討する

　　これら重要なキーファクターについて、以下の点を検討します。

イ．売上高の成長性との整合性を考慮する

ロ．イを費用（コスト）として計上する必要がある場合、当該要素がどの
　　ように事業計画上の損益に影響するのかを考え事業計画を作成する

　　なお、重要なキーファクターであっても、店舗などの有形固定資産や一
部の無形固定資産はソフトウェアとして資産計上される場合には、当期の
損益に影響はないもの（厳密には減価償却費がありますが、一旦無視します）
とできますが、収益獲得開始前の関連するソフトウェアや人件費、マーケ
ティング費用は、資産計上できませんので、そのまま費用（コスト）とな
ります。また、資産計上されたものは、土地などの非償却資産を除きます
と、減価償却費という形で、取得した翌期以降の事業計画に影響を与えま
す。

C　Bを踏まえ必要となる一番重要なキーファクターを揃えるために必要と
なる資金繰りや組織を考える

　　IPO実務でよくある例は、当初描いた売上高の成長性を達成するための
資金の不足や組織体制が十分でないことなどから、売上高の成長性を緩め
なければならなくなる事業計画です。

　　上述の点を考慮して中期事業計画を作成し、これに基づいて IPO を目指すべきなのか、また、IPO のターゲットとなる時期をいつにするのか検討することは、IPO の意思決定の上で、有意義なことと思われます。

E　リスク情報

　　リスク情報については、前述の部分で解説しましたが、「事業計画及び成長可能性に関する事項」で取り上げるリスク情報は、その中でも**成長の実現や事業計画の遂行に重要な影響を与える可能性のある**と認識する主要なリスクとその対応策となります。

（出典：東京証券取引所　上場部　【リスク情報】に関する事例5－3　https://faq.jpx.co.jp/disclo/tse/web/knowledge8470.html）

3. 企業経営の健全性

(1) 関連当事者取引

　IPO 時においては、「関連当事者」との取引について一定の制約があります。**連結グループ間との取引を除き、自社との関係が強い他の企業や人物との取引（これを、「関連当事者取引」といいます）を原則として解消すること**が求められます。

　スタートアップ・ベンチャー企業の経営者が企業のオーナーであるいわゆる "オーナー企業" である場合、所有と経営が一致しており、自社の取引はオーナー自身の取引でもあることから、関連当事者取引が多く見受けられます。例えば、税務的なメリットを享受するために、経営者の賃借している住居を社宅としたり、経営者が利用している車を社用車としたりするケースもあります。IPO においては、経営者が利用する社宅や社用車の場合、事業目的でのみ利用しているのであれば、認められるケースもありますが、プライベートも混同し当該社宅や社用車を利用しているケースなどは認められません。

　このような関連当事者取引が原則禁止とされている理由は、会社と関連当事者が対等な立場で取引されない可能性が高い（経営者などの関連当事者に有利な取引となるとみなされる）からです。また、経営者が、仮に IPO 後、何らかの理由で自社を去った場合、企業の経営に重要な影響を与える可能性（ビジネスに必要な取引が継続しなくなる恐れがある）があるためです。そのため、自社にとっては有利と思われる取引、例えば、経営者が無償で自社の金融機関等からの借入について個人保証を行う場合についても、原則として解消することが必要になります。

　IPO の実務においては特に問題となるのは、経営者もしくはその親族が所有する企業との取引です。IPO に向けて商流を変更し、経営者もしくはその親族が所有する企業との取引を介さず、直接、自社が得意先等と取引することができれば問題ありません。しかしながら、契約等の権利関係から取引を解消でき

ないケースもあります。取引の合理性や当該取引によって、自社の利益が損なわれることが無い、もしくは株主が不利益にならないなどの合理的に説明できる場合には、解消しないことが認められる関連当事者取引もありますが、判断は個別具体的なものとなります。そのため、可否の判断は、主幹事証券会社や取引所に委ねることになるので、解消しないと最悪IPOができないリスクとなります。なお、認められた場合でも、一定金額以上の関連当事者取引は、有価証券報告書等での開示の対象となります。

　IPOを目指すかどうかを決断する前に、まずは自社と関連当事者との取引としてどんなものがあるのか、契約書や帳簿などから棚卸をしておくことが有用です。また、これらの情報は、IPOを目指そうと決め、専門家である公認会計士や監査法人にIPO業務を依頼すると、最初に行われる「IPOのためのショートレビュー」という業務において、必ずその有無を問われる項目となっています。

　関連当事者取引については、取引の有無だけではなく、それを把握し、管理するための体制整備や、仮に取引が生じた場合には適切に当該取引を開示出来得る体制整備がされているかどうかについてもIPOの審査の過程では確認されることにご留意ください。

　なお、グロース市場においては、高い成長性を求めるというグロース市場の趣旨に鑑み、企業を支援する目的で自社に有利な条件で経営者等が行う関連当事者取引が認められる場合もあります。どのようなケースが認められるかについては、ケースバイケースになるので、IPO準備の初期の段階で、主幹事証券会社を通じて取引所に相談することが望まれます。

　また、関連当事者取引そのものではありませんが、**経営者が自ら、企画・営業して案件を獲得したり、社内の決済基準等を逸脱し、例外的に経営者決済したりするような取引についても留意が必要です**。このような取引は、IPOの実務では、**“経営者案件”**と呼ばれており、昨今、その対応が問題となっています。特に、オーナー経営者の場合、自らが営業案件を獲得すると同時に、取引の承認を行っているケースは多く、スタートアップ・ベンチャー企業の場合、

それが経営のスピード感や成長性に大きく繋がっているケースも多いと思います。また、スタートアップ・ベンチャー企業の経営者同士の繋がりをきっかけにして、ビジネスが拡大していくケースもあると思います。もちろん、経営のスピード感や成長性の観点から、経営者案件は企業にとって望ましい側面もありますが、反面、社内からの適切な牽制が効きにくく、粉飾決算などの不正に繋がる恐れが懸念されています。そのため、**IPO の審査の過程においては、経営者案件の有無の確認や経営者案件に係る内部体制の整備が求められています**。

　この点については、スタートアップ・ベンチャー企業の経営者、特に、オーナー系の経営者の方から理解が得られにくい部分かもしれません。自分は自社のためと思ってやっていることについて制約されたり、スピード感が害されたりすることについては当然不満が生じると思われます。ただ、IPO を達成し上場企業になるということは、所有と経営を分離し、コンプライアンスという観点から様々な制約が必要になるのです。そのため、**IPO の準備を始めるかどうかを決める際には**、そのような制約が入り従来どおり、**自分の思いどおりに企業経営ができなくなることを受容できるかどうか自問してみる**ことをお勧めします。

(2) 親族役員や経営者が他の会社等の役職員等の兼務

　オーナー系のスタートアップ・ベンチャー企業においては、税務的なメリットを享受する観点から、オーナーの親族が取締役や監査役などの役員に就任しているケースも見受けられます。また、経営者が別の企業を経営しており、当該会社と IPO を目指そうとする企業との間での取引関係や、他の会社の役員を兼務しているケースもあると思われます。

①　親族役員

　まず、**役員の配偶者、二親等内の血族及び姻族が監査役又は取締役監査等委員となることについては認められていません**ので、IPO を目指す際には他の方

に変更する必要があります。役員の親族による監査は、その機能が発揮しづらいということもありますし、役員とこれらの親族は事実上同じものと考え、いわゆる自己監査（自らが自らを監査すること）と見做されることが理由です。また、外部株主や投資家からもの信頼を受けることが難しいでしょう。

　他方、**監査等委員を除く取締役については、役員の構成の偏りやその職務の執行状況等が、役員として公正、忠実かつ十分な職務の執行を行い得るものかどうかがIPOの審査の過程でチェックされます。**人数を増やす名目で形式的に就任させているケースは論外ですが、**職務の状況や取締役会への出席状況、出勤状況などについても審査の対象となります。**また、親族の役員がどんなに適切に職務執行を行っていたしても**親族で取締役会の過半数を占めることは認められません。**既に親族が役員になっており、そのまま登用したいと考えるのであれば、**取締役会の構成メンバーを多くし、経営者親族の割合を過半数未満にする**必要があります。

　取締役会の役員構成は時として、ビジネスに大きく影響を与えることがありますので、この点についてもIPOを目指すかどうか決断する前に、場合によっては役員構成が変わる可能性があることに留意してください。

②　経営者の他の会社等の役員等の兼務

　他の会社等の役員を兼務している場合にも、留意が必要となります。スタートアップ・ベンチャー企業の経営者の場合、取引の都合上、他社の役員を兼ねることもあると思われます。**IPOの審査時において、兼務がある場合にはその解消が求められるケースがあります。常勤役員については、業務執行の機動性が重視され、他の会社の役員であることについてはそれが損なわれていないかどうかが審査されます。**

　IPOの実務上、経営者については、自社の資産管理会社の役員や自社グループの役員などを除きますと、解消することを求められるケースが多いことにもご留意ください。

4. 企業のコーポレート・ガバナンス及び内部管理体制の有効性

(1) 役員の適正な職務の執行を確保するための体制

　役員の適正な職務の執行を確保するための体制は、コーポレート・ガバナンスに関連する部分です。近年、上場企業においては、コーポレート・ガバナンスの強化が叫ばれており、「コーポレートガバナンス・コード」を含め、様々な対応が求められています。IPO を目指す企業においても、目指すべき市場や企業規模等によって差はありますが、IPO を達成する時点においては多くの対応が必要になってきます。

　グロース市場への IPO を目指す企業においては、コーポレート・ガバナンスへの対応としては、①会社の機関設計及びそれに伴う役員を選任すること、②コーポレートガバナンス・コードについて必要な対応を行うこと、③公認会計士又は監査法人の監査を受けること、④業務の適正を確保するために必要な体制（内部統制）整備が求められます。

①　会社の機関設計及びそれに伴う役員を選任すること

　まず、会社の機関設計及びそれに伴う役員を選任することについてですが、スタートアップ・ベンチャー企業の多くは、取締役会非設置であるケースが多く、監査役もいないケースも多いと思われます。**取締役会を設置するに際しては、最低、3 名以上の取締役が必要**となり、上場企業においては、**社外取締役の任命も求められています。**

　会社組織は、大きく区分すると、営業やサービスを得意先等に対して行うフロントオフィスと人事、経理、総務などを行うバックオフィスに大別できますが、**社長とは別に、それぞれの組織の長が取締役になること**が IPO の審査過程では望まれます。内部統制にも関連しますが、一般的に社長は会社全体を管理し、フロントオフィス、バックオフィスについては、それぞれ別の役職者が

管理することが求められます。これは、**社長は個々の部門の利益ではなく、会社全体を大局的に管理することが求められる**こととともに、社長案件同様、**社長が業務を直接管理することに伴う不正が生じるリスクを低くする**という側面もあります。そのため、IPOの実務上では、**社外役員も含め最低4名以上の取締役が必要**になることが多いです。

　特に、社内の取締役の任命は、組織設定や組織内のバランス調整など考慮すべき要素も多く、また、一度、任命しますと、途中から変更することは難しいこともあるため（IPO前、一定期間内において取締役が退任した場合には、その理由がIPO審査の過程で問われる可能性があります）、慎重に決める必要があります。

　また、取締役の職務執行を監査する会社機関として、**監査役又は取締役監査等委員が3名求められ、うち1名は常勤である必要**があります。非常勤の監査役又は取締役監査等委員は、弁護士などの法律関係の専門家や公認会計士・税理士などの経理・財務の専門家を任命するケースが一般的です。常勤監査役又は取締役監査等委員については、社内から任命するケースもありますが、スタートアップ・ベンチャー企業の場合、社内に適任の人材がいないケースも多く、外部の人材を任命するケースも多いと思われます。**外部人材は上場企業の役職経験者のケースが多く、コーポレート・ガバナンスの知識や経験などについては問題ありませんが、自社のビジネスモデルの理解、特に、新規の市場のビジネスモデルについては理解が不十分になったり、自社の社風との相違により社内役職員と軋轢が生じたりするケースも見受けられます。**

　取締役の職務執行をチェックし、必要に応じて牽制することは監査役として当然に求められる機能ではありますが、過度すぎる牽制により円滑な組織運営に大きな支障が生じないような人選を行う必要があります。

②　コーポレートガバナンス・コード

　次に、コーポレートガバナンス・コードについて、必要な対応を行います。コーポレートガバナンス・コードのうち、グロース市場では、新規上場ガイド

ブックにおいて、「基本原則」へ対応が求められています。

〈コーポレートガバナンス・コード　基本原則〉

【株主の権利・平等性の確保】 1. 上場会社は、株主の権利が実質的に確保されるよう適切な対応を行うとともに、株主がその権利を適切に行使することができる環境の整備を行うべきである。 　　また、上場会社は、株主の実質的な平等性を確保すべきである。 　　少数株主や外国人株主については、株主の権利の実質的な確保、権利行使に係る環境や実質的な平等性の確保に課題や懸念が生じやすい面があることから、十分に配慮を行うべきである。
【株主以外のステークホルダーとの適切な協働】 2. 上場会社は、会社の持続的な成長と中長期的な企業価値の創出は、従業員、顧客、取引先、債権者、地域社会をはじめとする様々なステークホルダーによるリソースの提供や貢献の結果であることを十分に認識し、これらのステークホルダーとの適切な協働に努めるべきである。取締役会・経営陣は、これらのステークホルダーの権利・立場や健全な事業活動倫理を尊重する企業文化・風土の醸成に向けてリーダーシップを発揮すべきである。
【適切な情報開示と透明性の確保】 3. 上場会社は、会社の財政状態・経営成績等の財務情報や、経営戦略・経営課題、リスクやガバナンスに係る情報等の非財務情報について、法令に基づく開示を適切に行うとともに、法令に基づく開示以外の情報提供にも主体的に取り組むべきである。 　　その際、取締役会は、開示・提供される情報が株主との間で建設的な対話を行う上での基盤となることも踏まえ、そうした情報（とりわけ非財務情報）が、正確で利用者にとって分かりやすく、情報として有用性の高いものとなるようにすべきである。
【取締役会等の責務】 4. 上場会社の取締役会は、株主に対する受託者責任・説明責任を踏まえ、会社の持続的成長と中長期的な企業価値の向上を促し、収益力・資本効率等の改善を図るべく、 　(1) 企業戦略等の大きな方向性を示すこと 　(2) 経営陣幹部による適切なリスクテイクを支える環境整備を行うこと 　(3) 独立した客観的な立場から、経営陣（執行役及びいわゆる執行役員を含む）・取締役に対する実効性の高い監督を行うことをはじめとする役割・責務

を適切に果たすべきである。

　こうした役割・責務は、監査役会設置会社（その役割・責務の一部は監査役及び監査役会が担うこととなる）、指名委員会等設置会社、監査等委員会設置会社など、いずれの機関設計を採用する場合にも、等しく適切に果たされるべきである。

【株主との対話】

5. 上場会社は、その持続的な成長と中長期的な企業価値の向上に資するため、株主総会の場以外においても、株主との間で建設的な対話を行うべきである。

　経営陣幹部・取締役（社外取締役を含む）は、こうした対話を通じて株主の声に耳を傾け、その関心・懸念に正当な関心を払うとともに、自らの経営方針を株主に分かりやすい形で明確に説明しその理解を得る努力を行い、株主を含むステークホルダーの立場に関するバランスのとれた理解と、そうした理解を踏まえた適切な対応に努めるべきである。

（出典：東京証券取引所　コーポレートガバナンス・コード　〜会社の持続的な成長と中長期的な企業価値の向上のために〜）

　また、**年1回「コーポレート・ガバナンスに関する報告書」の提出が要求**されています。当該報告書のひな形が、東京証券取引所のホームページにありますので、どのようなガバナンスについて説明が求められているかについては、既存のグロース市場に上場企業している事例とともにご確認ください。

（参考：東京証券取引所　提出書類フォーマット　https://www.jpx.co.jp/equities/listing-on-tse/documents/00-03.html）

③　公認会計士又は監査法人の監査を受けること

　公認会計士又は監査法人の監査を受けることについては、IPO を申請する際に、自社の財務諸表について監査を受けることが求められています。IPO のための公認会計士又は監査法人の監査については、「第4章第3節3.（2）公認会計士又は監査法人」で解説いたしますので、そちらをご参照ください。

④　業務の適正を確保するために必要な体制（内部統制）整備

　最後に、業務の適正を確保するために必要な体制（内部統制）整備について

は、次の「(2) 経営活動を有効に行うための内部管理体制の整備及び運用」で
解説いたします。

(2) 経営活動を有効に行うための内部管理体制の整備及び運用

　経営活動を有効に行うための内部管理体制とは、一般的に内部統制と呼ばれ
ます。**内部統制とは、企業がその事業目的や経営目標を達成するために必要な
ルールや仕組みを整備し、適切に運用すること**をいいます。

　**内部統制は、主に1人に業務を任せるのではなく相互に牽制するような仕組
みである内部牽制と、企業内部の他者が、業務をチェックする内部監査が組み
込まれた組織**であり、組織が業務を有効かつ効率的に遂行できること、法令を
遵守すること、組織の資産を保全すること等を目的にした仕組みです。

　IPO の審査の過程では、企業の規模や事業の内容、成長のステージ等を考慮
し、経営管理組織や社内諸規程等、経理事務、予算統制、内部監査等の整備及
び運用状況が確認されます。なお、**整備というのは、ルールや仕組みを作るこ
と、運用というは、作ったルールや仕組みを回していくこと**を意味します。ま
た、内部統制は体制を整備して運用すれば終わりというものではなく、他の業
務同様、**PDCA サイクルを回してブラッシュアップ**を行っていきます。

　**スタートアップ・ベンチャー企業の多くは、内部統制が脆弱であるケースが
多く、IPO の過程で内部統制の整備及び運用を繰り返し、上場企業としてふ
さわしい内部統制を整備及び運用できるようにしていきます**ので、**IPO を目
指そうかどうかと判断する時点においては、内部統制が不十分であっても問題
ありません**。IPO のための外部のコンサルティング等を受けながら、内部統制
の機能を高めていくことになります。

　IPO の実務において、特に対応が難しいのが予算統制です。予算統制は予
算管理とも言い換えることができますが、年度の事業計画を達成するために、
予算と実績の差異を確認（予実差異の把握）し、予算の達成に向けて、施策等
を適宜修正していくことです。なお、予算と事業計画は同義の言葉として使わ
れることもありますが、IPO の実務において、事業計画は短期を示すこともあ

りますが、概ね3年度の期間の中期的な計画を示すのに対し、予算は単年度の計画を指します。また、予算と事業計画は期間の相違のみならず、作成の方法が異なります。

　事業計画は、全般的な企業の方向性を示すものであり、詳細に各勘定科目単位や事業部単位、店舗単位で積み上げていくものではなく、企業の成長に関連する重要なキーファクターや KPI（Key Performance Indicator）、市場規模の成長性及び自社の市場占有率などを基に作成されるのに対して、予算は、詳細に各勘定科目単位に事業部や店舗単位、また、月次単位の積み上げで作成されます。事業計画がトップダウン型の作成手法で作られるのに対して、予算はボトムアップ型で作成されます。

　このように両者は作成の方法が異なりますが、両者の整合性を保って作成していくことが必要となります。そのため、中期的な事業計画は、一度作成したらそのままおしまいではなく、必要に応じて（通常は、年1回程度、予算の作成のタイミング）、見直しを行う必要があります。

　IPO の準備過程において予算統制を構築する際に問題となるポイントは大きく、①予算（事業計画）の策定の問題と、②迅速な予実差異の把握です。①については、この後、「5. 事業計画の合理性」で解説します。②については、予算差異の把握は通常、月次単位で行われます。

　迅速な予実差異の把握は、月次決算を早期化することによって達成可能になります。一般的には、翌月10日程度までに予実差異の把握を行い、それを踏まえた今後の施策の変更等について、各月の第2週目あたりに開催される取締役会で議論をすることが求められます。スタートアップ・ベンチャー企業に限らず、多くの非上場企業では月次決算が行われていなかったり、仮に月次決算が行われていたとしても、2、3か月遅れて月次決算が作成されていたりするケースも見受けられます。仮に、実績が確定しないと、予算との対比、差異の分析及びそれに基づくその後の経営施策をタイムリーに行うことができず、年度の事業計画（予算）が達成できなくなる可能性が高まります。

　上場企業においては、投資家の意識決定に資するため、毎年、業績予想を公

表することが求められています。この業績予想は、**売上については、前後 10%**（業績予想に対して低くなる場合だけではなく高くなる場合も含まれます）、**利益ベースでは前後 30%**の乖離が生じる場合、速やかに業績修正の開示をすることが求められています。IPO の審査では、基本的に、上場する年度（これを通常、申請期または N 期といいます）の前の年度（これを通常、直前期または N − 1 期といいます）については、予算と実績の乖離が上記のそれぞれ 10%、30% に収まっていることが求められます。仮に、予算統制以外の他の上場に必要な要素が合格点であったとしても、予算と実績の乖離があまりにひどい場合、IPO スケジュールが延期となってしまうこともあり、予算統制は IPO における大きな関門となっています。

(3) 経営活動の安定かつ継続的な遂行、内部管理体制の維持のために必要な人員の確保

ここは、主に、従業員の数や新規採用・退職などの異動の状況、出向者の受け入れ状況などについてです。

IPO 準備過程において、**退職者数や退職率が多いケース、社内の重要な役職のポジションが出向者などで多く締められているケースにおいて、審査の過程で問題が生じるケースがあります。**これらの場合、自社が将来も安定的に組織的経営をできない恐れがあることから、必要に応じてその対応が求められます。

具体的には、退職者や退職率を改善するための取り組みや出向者について代替性の確保（他の代替性の確保が難しい場合には転籍などの対応も含む）が求められます。

(4) 実態に即した会計処理基準の採用、及び会計組織の整備・運用

スタートアップ・ベンチャー企業の多くは、税務対応の会計処理（以下、「税務基準」といいます）を行っているケースが多く見受けられますが、**上場企業においては、一般に公正妥当と認められる会計基準に基づく会計処理**（以下、

「会計基準」といいます）が求められます。一般に税務基準では簡略化した会計処理が容認されていたり、キャッシューベース（現金の流れに応じた処理）などの会計処理が容認されていたりすることから、現預金の流れに近い損益計算書が作成されるケースもあります。これに対して、会計基準は、**企業の実体を適切に反映するために詳細な会計処理**が求められ、特に、**会計上の見積りという見積り項目の会計処理が求められます。**

　業種や規模、ビジネスモデルなどによって異なりますが、IPOの実務では会計基準に対応するため、特に、売上や売上原価などの主たる項目については、システム的な対応が必要となることもあり、その導入に時間やコストが発生します。また、会計上の見積り項目、例えば、棚卸資産の評価（主に、単価）については、取得した時点の価格のみならず、期末時点の時価（期末で実際に売ることができる価格）の把握が求められ、それを把握するための仕組みや一定期間の実績の蓄積が必要となることがあります。

　スタートアップ・ベンチャー企業のIPOでよく問題となることとして、賞与の支払対象となる期間と会計期間が一致していないケースです。この場合、会計の対象期間に係る賞与を見積り、「賞与引当金」として計上する必要がありますが、当該見積金額と実際に支給した金額のうち対応する金額に大きな差異が生じた場合には、公認会計士や監査法人の会計監査において指導が入ることとなり、その対応が求められることになります。

　公認会計士や監査法人がIPOの初期段階において行う「IPOのためのショートレビュー」において、現状の企業の会計処理とその問題点や改善すべき点などについて報告があると思います。**問題点や改善事項の中には、対応に時間がかかるもののみならず、ビジネスモデルを変更しなければならないようなものも見受けられます。**そのため、早めに「IPOのためのショートレビュー」を受け、問題点や改善事項について適時に対応することが必要となります。

(5) 法令遵守の体制の整備・運用

　上場企業においては、**特に強く、コンプライアンス（法令遵守）が求められ**

てます。近年、コンプライアンス（法令遵守）違反が発覚し、企業のブランドイメージや株価が大きく下落するケースが見受けられます。そのような状況にならぬような、社内体制の整備及び運用が求められます。

　IPO を目指すスタートアップ・ベンチャー企業の多くが、当初の段階では上場企業としての法令遵守の体制の整備・運用が十分ではないと思われますが、そのこと自体が実務上、IPO を目指すうえで大きな障害にはなりません。ただ、**実務において問題となるのは、過去もしくは現時点で法令違反や監督官庁等による行政指導があるケース**です。

　IPO を目指すスタートアップ・ベンチャー企業の法令違反として、IPO 上、問題になるケースとしては、①事業関連、②労働関連、③税務関連が多いと思われます。

　①　事業に関連するもの

　　　①の例としては、以下のものがあります。

　・EC 関連の事業を展開している場合における「景品表示法」や「医薬品、医療機器等の品質、有効性及び安全性の確保等に関する法律（薬機法）」違反、「消費者契約法」、「特定商取引法」違反のケース

　・ビジネスにおいて収集した個人情報が社外に流出してしまうことによる「個人情報保護法」違反のケース

　・提供しているサービスや製・商品、商標などに含まれる表現やデザイン、意匠が「著作権」や「特許権」、「商標権」など、いわゆる知的財産権違反のケース

　②　労働関係するもの

　　　②の例としては、以下のものがあります。

　・従業員に対して長時間労働を強いているケース

　・残業代を労働契約通りに支払っていないケース

　・パワーハラスメントやセクシャルハラスメントのようなハラスメントが生じたケース

　・偽装請負のケース

③　税務関連するもの

③の例としては、以下のものがあります。

・法人税等の税務調査等により発覚した税務の問題により重加算税を課されるケース

・役職員や専門家報酬を支払った際、源泉徴収を怠り、その影響が重要なケース

・契約書等に添付すべき印紙を添付しておらず、その影響が重要なケース

コンプライアンス違反が生じた場合は、当該違反の内容や、治癒の状況、再発防止のための整備状況について上場審査の過程で確認されます。また、**違反が上場審査の過程で発覚しますと、上場の延期や中止となるケースもあります**ので、IPOを目指すかどうかを決定するに際しては、企業顧問の専門家に企業の状況の確認を依頼し、発覚した場合には、事前に主幹事証券会社や公認会計士・監査法人に相談することが望まれます。

5.　事業計画の合理性

(1)　事業計画が、そのビジネスモデル、事業環境、リスク要因等を踏まえていること

事業計画が適切に作成できるかどうかは、IPOを達成するうえで重要なポイントとなっています。「4.（2）経営活動を有効に行うための内部管理体制の整備及び運用」で、予実管理の重要性を解説しましたが、事業計画（予算）を企業の実体に応じて適切に作成することができず、期初作成した予算を達成できないケースや予実管理が不十分となり上場スケジュールが延期となってしまうケースが多く見受けられます。

近年は紛争やオイル・資源価格高騰などの国際情勢やインフレ、金利などの経済情勢、AIなどによる情報化社会が目まぐるしく変化している中、3年先、5年先のことのみならず、1年先のことであっても見通せない状況となっています。そのため、IPOの過程では期初の予算どおりに行かないケースも多く、

期中に予算を修正しなければならいこともあります。

　IPO の審査においては、必ず達成することが出来る保守的な予算や事業計画の作成が求められているわけではなく、**作成の過程で考慮すべき様々な要素が適切に考慮されており、各要素間に合理性があるかどうか、また、仮に予算から実績が乖離した場合、どのようなことが原因であるのかを分析できるとともに、その対応策を考慮してどのように予算を修正するのかということが論理的・客観的に説明できるような仕組みを作ること**が求められています。

　スタートアップ・ベンチャー企業の経営者の中には、自分の直観を重視し、経営者の主観で経営をしているケースも見受けられますが、IPO を目指すうえでは、その直感や主観をどのように、客観的に"見える化"することができるかという点が必要となります。

(2) 事業計画の作成の考慮事項

　事業計画の作成に際しては、以下の事項を考慮します。

① 　企業・経営理念を見直す

② 　経営環境の分析を行う

③ 　自社の強み、弱みを把握する

④ 　①〜③を踏まえ、自社が提供するサービスや製・商品のキーファクターや付加価値を考えるとともに、必要となる方法（ビジネスモデル）や必要となる経営資源を検討する

⑤ 　②、③を踏まえてリスクを把握する

　それぞれのポイントを見ていきたいと思います。

① 　企業・経営理念を見直す

　スタートアップ・ベンチャー企業の経営者の方は、経理理念や起業理念を色々考えて起業された方も多いと思われます。それを社内に掲げている企業もあり、他の役職員と共有してこともあるでしょう。ただ、起業から時間が経ちますと、当初の経営理念がブレたりするケースがあります。特に中長期の事業

計画を作成する際には、再度、企業・経営理念を見直してみることをお勧めします。この**理念は企業の根幹をなすものであり、ビジネスモデルや経営方針、社風などがすべて理念に基づくものであること**が望まれます。

　自社の企業・経営理念が曖昧であったり、ブレたりしていると、企業自身の基軸を失うことなり、場当たり的な対応や、コンプライアンス違反が生じることがあります。このような場合、IPOの達成や上場後に企業が健全に成長することを阻害する要因にもなりかねません。

② 経営環境の分析を行う

　次に、企業を取り巻く外部経営環境や社内の経営環境を分析します。外部経営環境では、市場規模、市場動向、ライバル企業の状況について情報収集を行うとともに、事業計画期間の今後の状況について予測します。例えば、中期事業計画の期間が3年間だとすると、現在の外部経営環境とともに、3年後がどのようになっているかを予測します。その際には、インターネットや新聞・雑誌等の外部情報媒体が活用可能な場合には、是非、当該情報を保存しておきましょう。主幹事証券会社や取引所の審査、投資家等への説明の時に、**第三者による予測情報を示すことは納得感を得るうえで非常に重要**になります。

　また、企業内部の経営資源については、大きく、ヒト、モノ、カネ、情報の観点で分析を行いましょう。特に、ヒト、モノ、カネについては、それぞれ**人員計画、固定資産計画、資金計画という形で数値に落とし込めるようにしておくことが重要**です。

③ 自社の強み、弱みを把握する

　経営環境に基づき、企業を分析する手法は様々なものがあり、**自社の強み (Strength)、弱み (Weakness)、機会 (Opportunity)、脅威 (Threat) の4つに分けて分析する SWOT 分析**はその1つの方法です。企業分析の手法としては、他にも Customer（顧客）、Competitor（競合）、Company（自社）の観点から分析する3C分析やバリューチェーン分析などもあります。

　SWOT 分析については、4つの各要素に関する分析が主観的なものであることや、4つに単純化して分析することが困難なこともあるなどのデメリットもありますが、IPO 審査の過程では、自社の強み・弱み、市場動向やライバルに関して説明を求められるケースは多く、これらの要素の説明と事業計画が整合していると説得力を増すことになることから、事業計画策定に際して、SWOT 分析を行うことは有用です。

④　①〜③を踏まえ、自社が提供するサービスや製・商品のキーファクターや付加価値を考えるとともに、必要となる方法（ビジネスモデル）や必要となる経営資源を検討する

　先述の「2.（2）企業内容やリスク情報、成長の実現に向けて策定された事業計画の開示について」で解説しましたが、自社のビジネスにおけるキーファクターを特定し、その付加価値を検討します。付加価値の程度は、ビジネスモデルや経営資源、経営戦略に大きく影響を与えます。

　一般に、付加価値率が高いビジネスの場合、利益率が高いことから他の企業が市場に参入してくる可能性も高く、経営資源を差別化に用いることになります。例えば、研究開発や、ブランディング力を高めるためにマーケティング、優秀な人材の確保などに経営資源を投入し、差別化を維持していくことが必要になります。他方、付加価値率が低いビジネスの場合、一定規模の利益を獲得するためには、企業規模を拡大し、市場シェアを高めていくことになります。規模の拡大に応じて、人の採用や固定資産の取得などが必要になり、そのために借入等によって資金が多く必要になるケースがあります。

　ヒト、モノ、場合によってはカネ（資本コスト）もそれを持っていること自体でコスト（費用が）が発生しますので、必要な時に適時に調達することが重要です。ただ、スタートアップ・ベンチャー企業では、人材の調達において、報酬面や経営基盤の安定性、企業が有するブランディング力などの観点から大手企業と比べると、困難なケースも多く、成長性の阻害要因となるケースが多く見受けられます。実務でも、IPO を目指す重要な目的の1つが上場企業にな

ることによって人材採用で優位性を確保したいという多くのスタートアップ・ベンチャー企業の経営者にお会いします。

　なお、金銭的な報酬については、給与以外の方法としてストックオプションというものがあります。ストックオプションとは、ストックオプションを付与された者が、自社の株を予め決められた価格で取得できる権利のことです。ストックオプションについては、「第4章　第4節2.　資本政策について」で解説します。

⑤　②、③を踏まえてリスクを把握する

　最後に、リスクについてです。ここで考慮すべきリスクは事業計画の達成に影響を及ぼすリスクのうち、②、③で考察した点を中心に検討します。

　スタートアップ・ベンチャー企業の経営陣の方と事業計画を検討する場合、得てして、ベストシナリオのみを作成しているケースが見受けられます。ただ、景気、市場動向、ライバル企業といった外部経営環境や前述しましたようにヒトやモノ、カネといった経営資源の調達は不確定要素があり、状況によっては自社に不利に働くこともあり得ます。また、シナリオどおりに運ぶのに当初想定していた時間よりも多くの時間を要するケースがあります。そのため、**様々なリスクを洗い出して分析を行い、ベストシナリオとは別に、リスクが顕在化した場合に想定し得るワーストシナリオも検討すること**が望まれます。なお、個々のリスク要素を定量化（例えば、発生する確率など考える）する必要まではありません。リスク要素を定量化すること自体が困難であることが多いからです。

　ワーストシナリオとして考慮すべきことは、仮に成長に必要な人材や固定資産といった経営資源が適時に入手できなかったり、マーケティングの効果が想定どおりにならなかったりする場合など、ベストシナリオどおりに、現状の経営状態から改善される要素が想定どおり上手く行かなかった場合も加味し、想定からズレた場合の業績等への影響を考慮してワーストシナリオを策定します。なお、実務上は、ベストとワーストシナリオの間に業績が着地するケース

が多いと思われます。

先述したとおり、グロース市場においては、企業に対して高い成長性を求めており、事業計画自体についても自社に高い成長性があることを合理的に説明できるものである必要があります。また、事業計画に基づいて企業価値が決まる面もあります。そのため、事業計画を達成すること自体を目的化してしまい、過度に保守的に事業計画を作成してしまうことは適切な判断ではないことにご留意ください。

(2) 事業計画遂行に必要な事業基盤の整備

事業計画の合理性については、事業計画の設定のならず、その事業を達成するために必要な事業基盤（経営資源）の整備もしくは、整備する合理的な見込みを立てる必要があります。

IPO の実務においては、**事業規模拡大のための資金繰りや人材の確保については、上場することを前提としてそれらの経営資源を確保できるような見通しを説明する必要があります。**上場時の調達予定額と事業上必要な資金が過度に乖離したり、成長に必要な人材の確保が難しかったり、これらの経営資源確保の見通しが立たない場合、IPO の審査で問題となるケースがあるのでご留意ください。

6. その他公益又は投資者保護の観点から当取引所が必要と認める事項

(1) 経営活動や業績に重大な影響を与える係争又は紛争の有無

経営活動や業績に重大な影響を与える係争又は紛争、ビジネスのトラブルや訴訟が存在、もしくは顕在化する可能性があり、それが企業の経営活動や業績に重要な影響を及ぼす可能性がある場合には、投資家に思わぬ損害を与える可能性があり投資不適格ということで上場は認められません。

どのような係争や紛争が、経営活動や業績に重大な影響を与えるものかどう

かの判断は難しいのですが、例えば、ビジネス上、重要な要素となっている特許について他者とトラブルがあり、万一、当該特許に関する権利等が他者に認められ、それに関連する自社のビジネスを継続できなくなる、もしくは利用する際に莫大な特許料等を支払う必要が生じ、自社にとって当該ビジネスの優位性が無くなってしまうような場合は、問題となる可能性があります。

　スタートアップ・ベンチャー企業においては、**権利関係について契約書等の文書に落とし込まれていないケースも多く、それが後々のトラブルとなることも見受けられます。**契約等を作成することには手間がかかりますが、後々のトラブルを防止することにも繋がるので、**契約行為等については文書化することを習慣化**していただきたいと思います。

　また、トラブルが発生した際には、顧問弁護士等の専門家に適時に相談し、早期解決するよう心掛けてください。

(2) 許認可、契約、免許、登録

　IPOの審査過程においては、主要な事業活動については、許認可、契約、免許、登録しているかどうかについて確認されます。

　スタートアップ・ベンチャー企業の中には、**事業に必要な許可、認可、免許、登録が行政等から適切になされていない、もしくは更新等がなされていないケースも見受けられます。**特に、スタートアップ・ベンチャー企業の経営陣が必要性を認識していなかったケースもありますので、顧問弁護士等の専門家に確認を依頼することが有用です。

　また、販売代理店契約や生産委託契約に事業の大部分が占められているビジネスモデルの場合、仮に、更新がなされないと、途端に事業が立ち行かなくなる可能性があります。このような状況の場合、IPOの審査の過程では、更新できるかどうかについても確認がなされますので、ご留意ください。

(3) 反社会的勢力との関係の有無

　コンプライアンスの観点から、**反社会的勢力と取引がある企業の上場は認め**

られません。反社会的勢力については、法務省が 2007 年に公表した「企業が反社会的勢力による被害を防止するための指針について」において、以下のようなものとされています。

> 「暴力、威力と詐欺的手法を駆使して経済的利益を追求する集団又は個人である「反社会的勢力」をとらえるに際しては、暴力団、暴力団関係企業、総会屋、社会運動標ぼうゴロ、政治活動標ぼうゴロ、特殊知能暴力集団等といった属性要件に着目するとともに、暴力的な要求行為、法的な責任を超えた不当な要求といった行為要件にも着目することが重要である。」

（出典：法務省、犯罪対策閣僚会議幹事会申合せ、2007 年 6 月 19 日、「企業が反社会的勢力による被害を防止するための指針について」）

　IPO の実務において問題になるのは、**反社会的勢力との関与が無いこと（反社チェック）を定期的にチェックすること**が求められることです。反社チェックの対象は、企業のみならず個人にも及び、得意先や仕入先のみならず、自社の役員や従業員も対象となります。また、対象が企業等法人の場合、当該企業のみならずその役員も対象となります。

　具体的な反社チェックの方法については、主幹事証券会社等に助言を求めるのが適切ですが、例えば、新聞や雑誌、インターネット、反社会的勢力に関する情報を提供する会社等のデータベースなどを通じ、反社会的勢力の関係の情報を収集し、チェックすることが考えられます。また、反社チェックサービスを提供している会社に、反社チェックを委託することも考えられます。

　なお、反社チェックは IPO 前に、一度だけやればいいというものではありません。反社チェックについては、定期的なチェックが求められており、そのチェックには、実務上はかなり負担が生じるということを認識しておく必要があります。

　反社チェック以外に、反社会的勢力との関係の有無の対応で IPO の実務で問題となるものとしては、**契約書等に反社排除条項を盛り込む**ことです。取引先や仕入先などと基本契約書を取り交わしているケースが多いと思われます

が、当該基本契約書に反社排除条項が盛り込まれていない場合、新たに、反社排除条項を盛り込む必要があります。

　反社排除条項を盛り込んだ契約書等については、新規取引先との契約のみならず、**既存の取引先との間でも必要**になり、対応には一定の期間を要することに留意が必要です。

第4節
スタンダード市場、TOKYO PRO Market 市場、ネクスト市場について

1. スタンダード市場

　東京証券取引所は、2022年4月4日に市場区分を「プライム市場」、「スタンダード市場」及び「グロース市場」の3つの新しい市場に市場再編しました。

　従来は、「東証1部」、「東証2部」、「ジャスダック」及び「マザーズ」の4つの市場でしたが、海外マネーを呼び込む狙いや各市場の役割が分かりにくいということもあり、再編が行われました。

　この再編に伴い、上場するための要件も見直されました。特に、スタートアップ・ベンチャー企業に影響が大きいのは、マザーズ市場から東証1部への変更の時のような緩和措置がない点です。従来マザーズ市場上場企業が東証1部へ市場を変更する際、他の東証2部やジャスダック市場よりも要件が緩和されていたことから、多くのベンチャー企業がマザーズ市場経由で東証1部に上場いたしましたが、今後は、グロース市場からプライム市場へ変更する場合も、スタンダード市場からプライム市場へ変更する場合も同じ上場要件となりました。

　そのため、早くプライム市場に上場したいからという目的で、グロース市場を選択するということは無くなると思われます。

　東京証券取引所におけるスタンダード市場の位置づけは、「公開された市場における投資対象として十分な流動性とガバナンス水準を備えた企業向けの市

場」となっており、グロース市場の「高い成長可能性を有する企業向けの市場」とは異なるコンセプトとなります。

(1) スタンダード市場の形式要件

　スタンダード市場上場の形式要件は、以下のとおりです。

〈東証スタンダード市場の形式要件〉

2023年4月1日現在

項目	スタンダード市場への新規上場
(1) 株主数 （上場時見込み）	400人以上
(2) 流通株式 （上場時見込み）	a．流通株式数　2,000単位以上 b．流通株式時価総額　10億円以上 　（原則として上場に係る公募等の価格等に、上場時において見込まれる流通株式数を乗じて得た額） c．流通株式比率　25％以上
(3) 事業継続年数	3か年以前から株式会社として継続的に事業活動をしていること
(4) 純資産の額 （上場時見込み）	連結純資産の額が正であること
(5) 利益の額（利益の額については、連結経常利益金額又は連結経常損失金額に非支配株主に帰属する当期純利益又は非支配株主に帰属する当期純損失を加減）	最近1年間における利益の額が1億円以上であること
(6) 虚偽記載又は不適正意見等	a．最近2年間の有価証券報告書等に「虚偽記載」なし b．最近2年間（最近1年間を除く）の財務諸表等の監査意見が「無限定適正」又は「除外事項を付した限定付適正」

	c．最近１年間の財務諸表等の監査意見が原則として「無限定適正」 d．新規上場申請に係る株券等が国内の他の金融商品取引所に上場されている場合にあっては、次の（a）及び（b）に該当するものでないこと （a）最近１年間の内部統制報告書に「評価結果を表明できない」旨の記載 （b）最近１年間の内部統制監査報告書に「意見の表明をしない」旨の記載
（7）登録上場会社等監査人による監査	最近２年間の財務諸表等について、登録上場会社等監査人（日本公認会計士協会の品質管理レビューを受けた者に限る。）の監査等を受けていること
（8）株式事務代行機関の設置	東京証券取引所（以下「東証」という）の承認する株式事務代行機関に委託しているか、又は当該株式事務代行機関から株式事務を受託する旨の内諾を得ていること
（9）単元株式数	単元株式数が、100株となる見込みのあること
（10）株券の種類	新規上場申請に係る内国株券が、次のaからcのいずれかであること a．議決権付株式を１種類のみ発行している会社における当該議決権付株式 b．複数の種類の議決権付株式を発行している会社において、経済的利益を受ける権利の価額等が他のいずれかの種類の議決権付株式よりも高い種類の議決権付株式 c．無議決権株式
（11）株式の譲渡制限	新規上場申請に係る株式の譲渡につき制限を行っていないこと又は上場の時までに制限を行わないこととなる見込みのあること
（12）指定振替機関における取扱い	指定振替機関の振替業における取扱いの対象であること又は取扱いの対象となる見込みのあること
（13）合併等の実施の見込み	次のa及びbに該当するものでないこと a．新規上場申請日以後、基準事業年度の末日から２年以内に、合併、会社分割、子会社化若しくは非子会社化若しくは事業の譲受け若しくは譲渡を行う予定があ

	り、かつ、申請会社が当該行為により実質的な存続会社でなくなる場合 ｂ．申請会社が解散会社となる合併、他の会社の完全子会社となる株式交換又は株式移転を基準事業年度の末日から2年以内に行う予定のある場合（上場日以前に行う予定のある場合を除く。）

（出典：東京証券取引所　スタンダード市場の形式要件　https://www.jpx.co.jp/equities/listing/criteria/listing/01.html）

(2) グロース市場と主な相違点

　スタンダード市場新規上場とグロース市場新規上場の形式要件の主な相違点は、以下のとおりです。

	スタンダード市場	グロース市場
株主数	400 人以上	150 人以上
流通株式	ａ．流通株式数 　2,000 単位以上 ｂ．流通株式時価総額 　10 億円以上	ａ．流通株式数 　1,000 単位以上 ｂ．流通株式時価総額 　5 億円以上
事業継続年数	3 年	1 年
純資産の額	連結純資産の額が正であること	―
利益の額	最近1 年間における利益の額が1 億円以上であること	―

　形式要件を比較しますと、グロース市場に比べて、スタンダード市場の方がハードルは高いように思われます。特に、**流通株式時価総額がグロース市場の5 億円以上の倍となる10 億円以上**となります。また、**「利益の額」についても最近1 年間（申請する前直近のこと）で1 億円以上**となっています。なお、この「利益の額」は、経常利益に非支配株主に帰属する当期純損益を加減算することとなっています。

(3) スタンダード市場の実質要件

　一方、実質的な面についてみますと、スタンダード市場が「持続的な成長と中長期的な企業価値の向上」なのに対して、グロース市場が「高い成長可能性」であり、**スタンダード市場はどちらかというと安定性重視、グロース市場は成長性重視**というイメージになっています。そのため、グロース市場上場企業に開示が求められている「事業計画及び成長可能性に関する事項」はスタンダード市場上場企業にはありません。

　スタートアップ・ベンチャー企業の中には、安定的に成長はしていくものの高い成長性を継続する見通しがないという企業もあるかもしれません。そのような場合は、スタンダード市場を目指すということも選択肢の1つと思います。

2. TOKYO PRO Market 市場

　TOKYO PRO Market 市場は、2009 年に東京証券取引所とロンドン証券取引所の共同出資によって設立された TOKYO AIM 取引所に開設された市場でしたが、その後東京証券取引所に完全に出資が移管され、TOKYO PRO Market に名称を変更しています。

　TOKYO PRO Market は、一定規模の資産や投資経験を有するプロ向けの市場であり一般投資家は株式の売買を行うことができません。また、他の市場と異なり、上場のための形式基準がなく「J-Adviser」による調査・確認によって上場が可能となることから、一般的には、他の市場に比べて上場するためのハードルは低いとされています。

　従来、TOKYO PRO Market に上場している企業はあまりありませんでしたが、近年は東京証券取引所も積極的にアピールをしており、また、J-Adviser となる企業も増加してきたことから、TOKYO PRO Market に上場する企業も増えてきました。

　TOKYO PRO Market については、一般に、以下のようなメリット・デメリットがあります。上場する目的をそれぞれの企業がどこに置くのかというこ

とによって、メリット・デメリットの捉え方は異なりますが、仮に、上場の目的が資金調達であるという場合には注意が必要です。

〈TOKYO PRO Marketのメリット・デメリット〉

メリット	デメリット
形式要件がないこと	投資家がプロのみであり、株式の流動性が低い
公認会計士又は監査法人の監査証明が1期のみで良く、上場までの期間が短い	上場時の資金調達がしづらい 上場後の増資による資金調達も他の市場に比べて難しい
東京証券取引所の上場企業として、会社案内や名刺に記載することができる	他の市場に比べて認知度は高くない
上場維持コストが他の市場よりも安い	上場維持コストが結構かかる

　近年では、TOKYO PRO Marketからグロース市場へ上場する企業も出ており、TOKYO PRO Marketに対する市場関係者の見方も変わっていく可能性があります。ただ、これはあくまで私見ですが、最初からTOKYO PRO Market市場への上場を目指している企業は決して多くなく、グロース市場やスタンダード市場にIPOを目指していたが、なかなか上手く行かない中で、上場という目的を達成するために、TOKYO PRO Marketへの上場に切り替えたというケースが多いような印象です。

　なお、流動性が低く、資金調達も他の市場に比べてハードルが高いという点も、やはり留意すべき点です。

3. ネクスト市場について

　名古屋証券取引所には、一部、二部以外に「ネクスト市場」があります。従来は、セントレックス市場と呼ばれていましたが、2022年4月にネクスト市場に変更されました。IPOの実務をしていると、ネクスト市場の話が出ること

がありますので、簡単に触れておきたいと思います。

(1) ネクスト市場の形式要件

ネクスト市場に上場申請をするためには、次の要件を満たすことが必要です。

〈形式基準（上場申請要件）〉

項　目	ネクスト市場の上場申請要件
(1) 株主数 （上場時見込み）	150 人以上
(2) 公募等の実施	上場時に 500 単位以上の公募・売出しを行うこと （既上場会社又はダイレクトリスティングを除く）
(3) 時価総額 （上場時見込み）	3 億円以上
(4) 事業継続年数	1 年以前から株式会社として継続的に事業活動をしていること
(5) 虚偽記載又は不適正意見等	「新規上場申請のための有価証券報告書」添付の監査報告書　監査意見「適正」（最近 1 年間は「無限定適正」）
	上記監査報告書に係る財務諸表等が記載される有価証券報告書等　「虚偽記載」なし
(6) 登録上場会社等監査人による監査	「新規上場申請のための有価証券報告書」に記載される財務諸表等について、登録上場会社等監査人の監査又は四半期レビューを受けていること
(7) 株式事務代行機関の設置	株式事務代行機関に委託しているか、又は株式事務代行機関から株式事務を受託する旨の内諾を得ていること
(8) 単元株式数	上場の時に 100 株となる見込みのあること
(9) 株式の譲渡制限	上場の時までに上場申請に係る株式の譲渡につき制限を行わないこととなる見込みのあること
(10) 指定振替機関における取扱い	上場の時までに指定振替機関の振替業における取扱いの対象となる見込みのあること

〈実質基準（上場適格要件）〉

有価証券上場規程第219条	有価証券上場規程施行規則第248条（要約）
(1) 企業内容、リスク情報等の開示の適切性 　企業内容、リスク情報等の開示を適切に行うことができる状況にあること	a．経営に重大な影響を与える事実等の会社情報を適正に管理し、投資者に対して適時、適切に開示することができる状況にあること。また、内部者取引等の未然防止に向けた体制が、適切に整備、運用されていること b．企業内容の開示に係る書類が法令等に準じて作成されており、かつ、申請会社及びその企業グループの業種・業態の状況を踏まえて、適切に記載されていること c．関連当事者その他の特定の者との間の取引行為又は株式の所有割合の調整等により、申請会社の企業グループの実態の開示を歪めていないこと d．親会社等を有している場合、申請会社の経営に重大な影響を与える親会社等に関する事実等の会社情報を、投資者に対して適時、適切に開示できる状況にあること
(2) 企業経営の健全性 　事業を公正かつ忠実に遂行していること	a．関連当事者その他の特定の者との間で、原則として、取引行為その他の経営活動を通じて不当に利益を供与又は享受していないこと b．役員の相互の親族関係、その構成、勤務実態又は他の会社等の役職員等との兼職の状況が、役員としての公正、忠実かつ十分な職務の執行又は有効な監査の実施を損なう状況でないこと c．親会社等を有している場合、企業グループの経営活動が当該親会社等からの独立性を有する状況にあること
(3) 企業のコーポレート・ガバナンス及び内部管理体制の有効性	a．役員の適正な職務の執行を確保するための体制が相応に整備され、適切に運用されている状況にあること

コーポレート・ガバナンス及び内部管理体制が適切に整備され、機能していること	ｂ．経営活動を有効に行うため、その内部管理体制が相応に整備され、適切に運用されている状況にあること ｃ．経営活動の安定かつ継続的な遂行及び内部管理体制の維持のために必要な人員が確保されている状況にあること ｄ．実態に即した会計処理基準を採用し、かつ、必要な会計組織が、適切に整備、運用されている状況にあること ｅ．法令等を遵守するための有効な体制が、適切に整備、運用され、また、最近において重大な法令違反を犯しておらず、今後においても重大な法令違反となるおそれのある行為を行っていないこと
（４）事業計画の合理性 　相応に合理的な事業計画を策定しており、当該事業計画を遂行するために必要な事業基盤を整備していること又は整備する合理的な見込みのあること	ａ．事業計画が、そのビジネスモデル、事業環境、リスク要因等を踏まえて、適切に策定されていると認められること ｂ．事業計画を遂行するために必要な事業基盤が整備されていると認められること又は整備される合理的な見込みがあると認められること
（５）その他公益又は投資者保護の観点から名証が必要と認める事項	ａ．株主の権利内容及びその行使の状況が、公益又は投資者保護の観点で適当と認められること ｂ．経営活動や業績に重大な影響を与える係争又は紛争等を抱えていないこと ｃ．主要な事業活動の前提となる事項について、その継続に支障を来す要因が発生していないこと ｄ．反社会的勢力による経営活動への関与を防止するための社内体制を整備し、当該関与の防止に努めていること及びその実態が公益又は投資者保護の観点から適当と認められること

	e．その他公益又は投資者保護の観点から適 当と認められること

（出典：名古屋証券取引所　上場制度　上場基準（ネクスト市場）　https://www.nse.or.jp/listed/next/criteria.html）

（2）グロース市場との主な相違

　グロース市場と比較しますと、ネクスト市場における大きなポイントは、**"時価総額"** と、**"高い成長性"** です。

〈グロース市場とネクスト市場の大きな相違点〉

	グロース市場	ネクスト市場
時価総額基準	**流通**時価総額5億円以上	時価総額3億円以上
成長性	**高い**成長性	成長性

　グロース市場の上場要件は**流通時価総額が5億円**以上ですが、ネクスト市場は**時価総額3億円**以上であり、**流通時価総額ではありません。**そのため、経営者や大株主といった売買する予定のない株主の株式数も含まれます。また、成長性についても、グロース市場は**高い成長性**を求めていますが、ネクスト市場でも事業計画の合理性の審査において、成長性については触れられていますが、**グロース市場のように高い成長性が可能どうかという点が審査の重要な項目とはなっていません。**

　なお、**ネクスト市場は、特段、本店所在地に関する基準がなく、中京圏以外の企業でも上場が可能**です。ベンチャー企業関連の市場としては、他にも札幌証券取引所「アンビシャス」、福岡証券取引所「Q-Board」もありますが、いずれも地元企業をターゲットにしていますので、上場できる企業が限定されてしまいます。また、名古屋証券取引所自体がネクスト市場をステップアップ市場と位置づけており、ネクスト市場（旧セントレックス市場）から、名古屋証券取引所の上位市場や東京証券取引所に移行している企業もあります。

　ただ、実務の実感としては、ネクスト市場上場は、一般的にIPO時のファイナンスの規模が小さくなるため、主幹事証券会社が避けたがる（主幹事証券の収益が少なくなる）傾向があるようにも思われます。仮に、まずはネクスト市場に上場した後に、他の市場を目指すという方針を取るのであれば、中京圏に強い証券会社を主幹事証券会社に選定するのも1つだと思います。

第5節

IPOを途中で挫折する、もしくは上場スケジュールが延期になるのはどのような場合なのか

1. IPOの準備を始めると決断する前に、IPOを途中で挫折したり、延期したりすることを認識しておく

　ここ数年は、毎年100社程度の企業が、新規に上場企業となっています。現在では、インターネットや書籍等で多くのIPO成功関連の情報を簡単に入手することが可能であり、スタートアップ・ベンチャー企業の経営者もIPOを目指す方が増えたように感じます。

　IPOを身近に感じ、多くの企業家がIPOを目指すことは良いことだと思われますが、成功した企業の陰には、途中で挫折したりスケジュールが大幅に延期になったりした数多くの企業が存在していることをご認識ください。

　IPO達成は、IPO予備軍の中から毎年上位100社程度が達成できるというもの（選抜）ではなく、一定の基準をクリアーしていれば上場可能なものですが、実際に基準のクリアーは難しく、IPOが達成できない企業が多いのも事実です。

　IPOを成功した事例と比べ、問題となる事例はなかなか一般には出てこないことから、目にする機会も少ないことでしょう。問題となる事例としてネットなどに掲載されている情報も、上場後にビジネスが失速したり、不正等が明るみに出たりするケースが多く、そもそもIPOまでに至らなかった事例のケースを目にする機会は少ないように思われます。

　そこで、本書ではどのような要因でIPOに支障が出たり、スケジュールが延期になったりするのかについて、いくつか事例を見ながら解説していきます。IPOを目指すことを決定する前に、うまくいかない問題点（要因）を予め知っておくことは、意思決定に有用と思われます。

2. 予算統制の問題

　前節でも解説しましたが、予算統制が上手く行かず、IPOスケジュールが延期となるケース、場合によってはIPOを挫折するというケースは、実務では数多く目にします。

　予算統制が上手くいかない要因は多岐に渡るため、網羅的に紹介することはできませんが、よくあるパターンをいくつか紹介いたします。

(1) グループ経営と予算管理
【事例1】

> 　A社は、複数の企業でグループ経営を行っていた。親会社であるA社は、扱っている製・商品やサービス、地域などを考慮して複数の子会社を有していた。毎年、製・商品の需要が大きく変動するだけではなく、地域によっても大きな差が出やすい傾向があった。
>
> 　そのため、ある年は予算どおりに業績を達成できたが、翌年は、未達に終わるというケースもあった。原因は、各子会社の業績のブレが、そのままA社グループの業績に影響してしまうことであった。

〈解説〉

　IPOの実務においてよく困難にぶち当たるが、グループ経営と予算管理です。

　許認可等の問題、地理的な問題、労働条件の問題、中堅幹部のモチベーションアップのためなど、様々な理由で子会社を設立し、企業グループを形成している企業は多いと思われます。無論、上場企業の多くはグループ経営を行って

いますので、先取りして何が悪いのかと思うスタートアップ・ベンチャー企業の経営者も多いかもしれません。

　企業を安定かつ成長させるためにグループ経営を行うこと自体は問題ないことなのですが、**単体企業と比べますと、グループ経営の予算管理は飛躍的に難易度が上がります**。難易度が上がる要因は色々あるとは思われますが、いくつか紹介します。

・単体企業の時は、各事業の成長性や安定性のバラツキを吸収することができたが、**各事業を子会社ごとにしてグループ経営化した際には、バラツキがそのまま顕在化し**、さらに親会社側がタイムリーに状況を把握し対策を示せないことがある。特に、**人的資源はグループ企業間といえども、会社間を跨いでタイムリーに動かすことが難しい**ケースが多い。

・**子会社の経営陣は自社の予算を達成することに執着する**ことが多く、必ずしもグループ全体の予算達成に貢献するとは限らない。

・**本社と子会社間、子会社間同士の情報共有が不十分になる**。特に、本社・子会社間に比べ、**子会社間同士の横のつながりは弱い傾向が多く**、経営に有用な情報（例えば、業界動向や得意先、仕入先などの情報）が伝達されなかったことにより適切な対応ができなくなるケースがある。

　IPOのために、経営の多様性を犠牲にするのは本末転倒な面もありますが、IPOの達成難易度という点からしますと、**不要な子会社はできる限り統合した方が管理をしやすい**といえます。可能であれば単体企業として上場し、上場後にグループ経営を進めていくということが、IPOのハードルを下げるという意味においては得策とも言えます。

（2）決算期の設定

【事例2】

　自治体向けのサービスが売上の大半を占める3月決算のB社はIPOを目指していた。B社の自治体からの受注は提案型の受注が多く、提案能力

が高いＢ社は多くの案件を獲得していた。

　自治体案件は、毎年秋までに受注し、３月末に納品を行っている。Ｂ社は、自治体自体の予算の影響を受けやすく、自治体の予算の財源がない年はどんなに良い提案であっても案件が来年度以降に先送りされてしまうケースも多くあった。人的リソースの関係もあり、自治体案件と他の民間案件を同時に受けることが難しく、自治体案件を優先しているが受注できなかった場合、その後必死に民間案件の受注活動を行っても時間的な制約があり、挽回が難しかった。

　そのため、自治体案件の受注金額が、その年のＢ社の業績に大きな影響を与えてしまい、予算を達成できたり、できなかったりということが続いた。

〈解説〉

　官公庁や大手企業を対象にしたビジネスを展開しているケースでは、発注側の予算枠によって、自社の業績が大きく変動するケースがあります。

　官公庁や大手企業は、４月〜３月が予算の単位となっていることが多くあり、発注も新年度になってから行われるケースも多いと思われます。決算期が３月場合、通常、予算の策定は１月くらいから行われ、３月にはおおよそ来季の予算は決定していることになります。**予算の策定時点で来季の受注が読めると、予算の精度が上がる可能性が高まります**が、今回のＢ社の事例のように第２四半期になって受注の獲得が分かるというケースですと、案件を失注した場合には、予算を達成するための挽回が難しいということが多々起こります。これは、案件受注型のビジネスに限らず、例えばアイスだとか衣類のようにシーズン物の製造や販売など、季節的な変動が大きいビジネスで、繁忙期の業績によってその年の業績が大きく影響を受けるビジネスモデルも同じことがいえます。

　売上高の大半が事業年度の前半に集中するいわゆる先行逃げ切り型と、後半に集中するいわゆる追い込み型であれば、**高い精度の予算を策定しやすいのは**

前者の先行逃げ切り型です。受注が1年先以上まで高い精度で見通せるビジネスであれば、事業年度の後半に売上が集中する場合でも問題ありませんが、昨今のように経営環境が目まぐるしく変わる状況では、なかなか高い精度で長期的に受注が読めるビジネスモデルは少ないと思われます。そのため、IPO達成のハードルを下げるためには、**決算期を変更して受注や売上の見通しを読みやすくする**という方法も検討すべきと思われます。

　なお、IPOの具体的な準備が進んだ途中の段階で決算期を変更することは、実務的には諸問題が生じる可能性があることからお勧めできません、そのため、**決算期の変更はIPOを目指そうと意思決定する段階で合わせて検討する**ことが望まれます。

　また、大口の得意先の属性を多様化し、1つが駄目でも他社の売上でカバーできるようリスク分散の検討も望まれます。

(3) 新規事業の未達
【事例3】

　C社は、自社で開発したコンテンツでビジネスを展開していた。既存のビジネスは成熟した市場のため成長性はあまり見込めないものの安定した収益を獲得していた。

　しかし、グロース市場へのIPOの達成に向けて、売上高の成長性を獲得すべく、経営者は既存のコンテンツ市場以外の新規のコンテンツが必要と考え、既存のコンテンツで獲得した多くの経営資源を新規コンテンツ開発に投下した。

　しかしながら、既存のコンテンツとのシナジーもなく、経営者の思惑どおりに新コンテンツは売上を獲得することができず、企業全体の業績を引っ張り予算未達が続いてしまった。

〈解説〉

　主力事業が１つだけでIPOを達成している企業も多くありますが、成長力の多様性や業績の安定性という観点からは、事業の主軸は複数ある方が望ましいケースも多くあります。特に、本事例のC社のように、既存の主軸のビジネスが安定してはいるが成長性が乏しいケースであっても、あえてグロース市場を目指すようなケースの場合、成長性がある新しい軸の必要性を感じることでしょう。

　また、成熟市場のビジネス（いわゆる金の成る木）で得た経営資源を成長市場のビジネス（いわゆる問題児）に資源配分していくことが企業の永続性の観点からは必要という経営学的な発想もありますので、新機軸に経営資源を注力するということもあるでしょう。

　新規事業について、IPO、特に、予算統制の場合で留意すべきは、以下の点です。

　a．**新規ビジネスを検討する際について、既存のビジネスとのシナジー、特に、トップラインである売上との関連性を検討する。**関連性が高ければ予算の見積りの精度が高まる可能性が高い。

　b．**新規ビジネスが既存のビジネスと関連性がない場合は、新規ビジネスの売上については可能な限り保守的に見積もる。**また、新規事業に係る支出については出来る限り発生した期の費用（コスト）となることを検討し、固定資産とならないように会計上対応する。

　a．については、同じ営業体制を活用することができる可能性があったり、既存顧客から新規ビジネスに関するニーズのフィードバックが受けやすくなったりするなど、新規ビジネスに関する情報をタイムリーに捉え、その対応を予算に早期に反映させることが可能になります。

　b．については、支出した金額を当期の費用として処理するよりも、固定資産にした方が、損益は良くなることが多いため、固定資産計上（例えば、ソフトウェアとして資産計上）を望む経営者方もおられます。しかしながら、「**減損会計**」という会計のルールにも留意する必要があります。

　減損会計というのは、将来の収益の獲得や費用の削減効果が低下し、投資額の回収が込めない場合は、固定資産に計上した部分のうち、回収が見込める額まで減損として一括して損失処理することが求められる会計ルールです。新規事業に係る固定資産の金額の多寡によりますが、固定資産の減損は損失金額が多額になる可能性があることも注意が必要です。

　IPOでは、既存の株主がIPO時に売却するという「売り出し」といわれる方法と併せて、自社の株式を新たに発行して資金調達するという「公募」といわれる方法が用いられるケースが多くあります。いずれも市場から資金調達をするという意味でニューマネーが投資されるため、主幹事証券会社としては、**IPO直後に多額の減損損失が発生するリスクを避けたがります。**そのため、減損リスクが高い場合には、慎重な対応（具体的には、新規事業の業績の見通しの確度が高くなるまで上場スケジュールを延期する）を取る可能性が生じます。

　このような観点から新規ビジネス（特に、コンテンツやプログラムのような無形資産のもの）については、保守的に対応することがIPO達成のハードルを下げるためにも有用なことがあります。

(4) トップダウンによる予算策定
【事例4】

　オーナー企業のD社はIPOの達成を必達すべく、予算を策定する段階で、経営者自身が売上高や利益の目標を設定し、各部署に必達目標を達成できるような予算を策定することを求めていた。経営者の求める売上高や利益水準は、IPO達成という目的のため、現状のD社の実力よりかなり高い水準となっており、現場の感覚から大きくかけ離れていたものであった。

　結果的に、予算達成が未達に終わり、IPOスケジュールは延期となった。

〈解説〉

　これはオーナー系企業やリーダーシップが強い経営者の企業で、よく見かけるケースです。

　経営者が強いリーダーシップを発揮することは望ましいことなのですが、**現場からの声を聞かずに自分の方針を一方的に押し付けてしまうことがあります**。予算は形式的には、各部門の予算を積み上げた形で作られている体裁はとっていますが、**経営者の方針に合わせるように金額を調整したものであり、実態を伴っていません。そのため、予実対比分析を実施しても、その根本原因**（実際には、経営者の思い込みと現場の実体の差だと思われます）**が見つからずに有効な対応策を講じることが出来ず、予算が未達に終わる**ケースです。

　企業風土にもよりますが、一般的に現場部門は保守的な予算を作る場合も多く、そのまま各部署から提出された予算を積み上げて企業全体の予算を作成すると前年の実績にも届かないというケースも結構ありますが、**予算策定時には、経営陣と現場部門が情報を共有するとともに、十分な議論を行い、一定の努力をすれば達成可能な範囲の予算とすることが必要になります。**

　年度の予算は、一般に、以下のような流れを経て作成されます。

　ａ．経営方針に基づいて経営陣の見解を提示する（提示前に必要に応じて経営会議等で議論する）

　ｂ．各部署は、売上のみならず費用項目についても積み上げに基づく予算を作成する

　ｃ．経営企画等の管理部署が各部署から提出された予算を集計し、本社費等の追加などを補正する

　ｄ．ａとのズレについて経営陣と調整をする（必要に応じて、再度ｂ、ｃを行う）

　ｅ．ボトムアップ型の予算について経営会議等の各部署の責任者を集め議論する

　ｆ．取締役会で決議する

上記の流れを作る際には、予算策定のスケジュール時期についても併せて検

討することが有用です。一般的には、前事業年度の第4四半期から予算の策定に着手し、新事業年度の最初の月には取締役会で議論できるようにすることが望まれます。

(5) KPIの設定

【事例5】

> E社は、過去の市場の成長トレンドに基づき予算を作成していたが、自社が属する市場そのものが発展途上ということもあり、市場に関する予想が容易に入手しづらいことから将来動向をあまり考慮していなかった。また、予算策定時に考慮したKPIと自社の売上との関係性についての分析も十分でなかった。そのため、予算未達となり、IPOスケジュールが延期となってしまった。

〈解説〉

　予算策定時に、過去のトレンドを予算に反映することは、多くの企業で行われています。スタートアップ・ベンチャー企業が作成する予算や中長期事業計画なども、そのような形で作成するケースが多いと思います。そのような場合でも、出来る限り市場の将来動向は分析を行って下さい。

　市場がある程度成熟している場合には、過去のトレンドの延長線上になるケースが多いと思われますが、新サービスや市場そのものが未成熟の場合、過去のトレンドの延長線上から外れるケースも見受けられます。

　特に顕著なのは、ここ数年の成長率が著しい場合です。ご存じのように**一般的に市場は直線的に成長するものではなく、成長期から成熟期に移行する際に成長率が鈍化する傾向にあります**。新サービスに対する需要は、最初急激な成長を見せますが、その後、鈍化することが一般的です。市場の成長性についての見極めは難しいものですが、IPOの準備期間が市場の成長性の移行期に当たってしまい、グロース市場のIPO達成に必要な成長性を保つことができないケースが、実務では数多く見受けられます。

　また、KPI として、会員数や顧客数などを採用しているケースで、KPI の増加がそのまま売上高の増加に高い相関性があれば良いのですが、その相関性が経営施策によって崩れてしまうケースがあります。

　例えば、会員数を増加させるために、多様な料金プランを提供するという施策を導入した場合、多様な料金プランによって会員 1 名当たりの平均単価が変化する（通常、会員数を増加させるためにプランを多様化すると平均単価は下落する傾向になると思われます）ことや、無料会員から有料会員へのコンバージョン率（実際の需要以上に過度に会員数を獲得するためにキャンペーンや広告活動を行った場合など）が低下することなど、**KPI が変化する可能性の考慮が不十分なケース**があるでしょう。

　類似サービスが無いような新規ビジネスを立ち上げて IPO を達成したというスタートアップ・ベンチャー企業の経営者は多くいらっしゃると思いますが、既存ビジネスの延長線上のビジネスに比べて、予算統制のハードルは高く、IPO 達成の障壁となる可能性もあります。これは予算を策定するために参考とする市場動向が分かり難く、また、KPI の設定が十分でないケースが多いためです。IPO を始めるかどうかを意思決定する際には、予算統制に関するリスクが高くなる恐れがあることにご留意ください。

3. 労務問題

　スタートアップ・ベンチャー企業の IPO の実務においては、その過程において労務関係でトラブルが生じ、IPO スケジュールに影響が生じるケースがかなりあります。これは、**経営陣及び従業員とも若く残業等が慢性化しても特段大きな支障がなく業務を遂行しているケースや、経営陣が労務管理の重要性を認識していないというケースなど**があります。

　近年、IPO 審査において労務管理の重要性は高まっており、適切に管理がなされていない場合、取引所の上場承認がおりないケースもあります。また、労務問題が生じた場合、SNS 等で瞬時に拡散していまい、その後の人材確保に

影響を及ぼす可能性もあります。そのため、労務管理については迅速かつ適切に対応する必要があります。

　IPOの過程で生じる労務問題の事例をいくつかご紹介します。

(1) 未払残業代
【事例1】

> 　IPOを目指しているA社は、みなし残業制を採用していた。A社のみなし残業制度は、労働時間及び残業代管理を簡素化する目的とするものであり、月20時間の残業代を固定として毎月の給与に含めて支払い、タイムカード等による労働時間の管理は行われていなかった。
>
> 　IPOの準備が進んでいる途中で、労働基準監督署の調査が入り、パソコンのログや入退室管理などから、残業時間が20時間を超えていることが発覚し未払残業代の支払いについて是正勧告を受けた。未払残業代は会社の利益規模に比して大きなものだったことから、IPOスケジュールに支障が生じた。

〈解説〉

　IPOの実務において、未払残業代の精算はよくあるケースです。本事例では、労働基準監督署の調査に起因した未払残業代の精算ですが、労働基準監督署の調査に限らず、主幹事証券会社から質問や調査等を求められ、未払残業代が発覚して精算するケースもありますし、従業員からの申し出によって未払残業代の問題がクローズアップされるケースもあります。**従業員が多い企業は、金額的影響も大きいことから留意が必要です。**

　また、労働基準法が2020年3月27日改正され、**2022年4月以降は未払残業代の消滅時効期間が従来の2年間から3年間へ延長**となりました。そのため、今後は、従来以上に未払残業代の影響が大きくなることが予想されます。

　なお、IPOの実務においては判明した未払残業代の影響が大きい場合、監査法人や主幹事証券会社等から過年度の決算書や税務申告の修正を求められる

ケースがあります。決算書の過年度訂正は、実務的な負担がかなり高くなり、IPO実務が停滞する可能性があるので留意が必要です。

　また、残業時間が適切に管理されていないことについても内部統制の不備として取り扱われる可能性があり、その対応策及び改善の状況について主幹事証券会社等が確認することとなるため、IPOスケジュールが一定期間延期になるリスクがあります。

(2) 労働時間の管理
【事例2】

　数多くのプログラマーが在籍しシステム開発を行っているB社は、その評判から多くの新規案件を獲得し、毎年20％以上の高成長を続けていた。そこで経営者は、グロース市場への上場を目指すことにした。新規案件の受注に比して新規プログラマーの採用は進まず、各プログラマーの残業は増加していった。

　IPO準備の過程でプログラマーの1人が過度な労働のため体調を崩し労働基準監督署に相談したところ、同署の調査が入り、是正勧告がなされた。それによって、B社のIPOのスケジュールに支障が生じた。

〈解説〉

　人手不足ということもあり、スタートアップ・ベンチャー企業のみならず、多くの企業で新規人材資源の確保が難しい状況となっています。新規人材が確保できない場合、既存の人材で対応することになりますが、効率化にも一定の限界があり、残業で対応しているというケースも多いでしょう。特に、スタートアップ・ベンチャー企業においては、金銭目的のみならず、従業員が知識や経験を体得したいということで自ら積極的に残業するケースもあるかもしれません。

　過去においては、会社の命令ではなく従業員自らが自主的残業しているのであれば問題無いという風潮もありましたが、現在では**従業員本人が積極的に望**

んだケースであっても時間外労働を行う場合には、「36協定締結」における1か月、1年当たりの残業時間が所定の時間を超えないような管理が必要になります。そのため、IPOの準備に入る際には、社会保険労務士等の専門家に相談し、残業などの労務管理についての問題点の洗い出し及びその具体的な対応を検討する必要があります。

　なお、労働基準監督署からの労務に関する是正勧告等がありますと、その対応策及び改善の状況のについて主幹事証券会社等が確認することとなるため、IPOスケジュールが一定期間延期になるリスクがありますのでご留意ください。

(3) 従業員の定着率
【事例3】

　得意先の販売代理店を営むC社は、その素早い営業力が得意先から評価され売上を伸ばしており、経営者はグロース市場への上場を目指していた。C社は、営業マンが訪問やテレアポなどで得意先の商品を売り込むという営業スタイルであったが、IPO達成のためノルマも厳しく、入社した人材の約9割が1年以内に会社を退職していた。

　C社の定着率は同業他社に比べて相当低いものであった。そのため、IPOの審査の過程で定着率が問題となり、定着率を上げるための施策やその改善状況を確認するため、IPOのスケジュールに支障が生じた。

〈解説〉

　上場企業には持続的成長がより求められており、人手不足の今日においては人材の確保は重要な経営課題の1つです。スタートアップ・ベンチャー企業の中には、労働条件や待遇面などで定着率が高くない企業もあると思われます。また、定着率は業種によっても異なりますが、小売業や飲食、営業代行業などは低い傾向にあります。

　IPOの過程で定着率が問題になるのは、業界などの事情も踏まえたうえで同

業他社と比較して低いかどうかです。例えば、定着率が一般にあまり高くないと言われる飲食業であっても、働きたいと思う一定数の労働者は存在していますので、同業他社よりも定着率が良ければ、人材確保という観点からは企業が持続的に成長していく可能性は高まります。逆に、同業他社よりも定着率が低い場合、人材が他社に流出しつづけ、業務の運営に支障が生じる可能性があります。

　従業員の定着率を上げるためには、**待遇処遇の改善、従業員とのコミュニケーションの増加、人事評価や研修制度の拡充など**があります。定着率の向上に向け、人事マネジメントコンサルなど外部の専門家を活用することなども有用です。

(4) ハラスメント

【事例4】

　　IPO準備を進めるD社では、IPOに向けた業績の達成が必達であり、各部署もその対応に苦慮していた。営業担当のマネジメントが予算を達成すべく過度なプレッシャーを与え、達成できない部員に対しては営業部門の会議で激しく叱責をすることなどが続いた。

　　営業部員の1人がそのような状況でメンタル面に支障が生じ休職となったことから、営業担当マネジメントの行動が社内で問題となり、IPOのスケジュールに支障が生じた。

〈解説〉

　近年、上場・非上場を問わず、企業内でのハラスメントの対応が問題となっておりますが、上場企業では、特にSDGs（持続可能な開発目標）との兼ね合いで厳しい対応が求められています。企業内で生じるハラスメントについては、パワーハラスメント、セクシャルハラスメント、タイムハラスメントなどの他にも数多くの行為がハラスメントとして扱われています。

　ハラスメントを防止するための対応として、防止の方針や社員研修、相談窓

口などがあり、**必要に応じて外部の専門家等の協力を求めることが有用**です。

　なお、他の労働問題同様、ハラスメントが発生しますと、調査やその対応、改善状況の確認のため、IPOスケジュールが延期となる可能性もありますのでご留意ください。

4. 関連当事者取引や関係会社の解消

　関連当事者取引や関係会社の解消は、IPO実務では難しいテーマの1つです。これは、経営者等の経済的な面のみならず、経営者の親族等の人間関係にも関係することもあるからです。IPOコンサルや弁護士などは、関連当事者取引や関係会社の解消をしてくださいという助言はできますが、**経営者自身の経済的な問題や経営者の人間関係も含む親族間等の問題をどのように解消するかの具体的な助言をすることは、なかなか難しく、どのように解消するかは経営者自らが決断し対応するしかないことが多い**からです。

　どのような取引がIPOにおいて問題となるかについては、公認会計士や監査法人、主幹事証券会社等の調査を参考にすることになりますが、解消する具体的な方法は経営者が模索する可能性があることをご認識ください。

　また、上述の**調査は経営者や企業から提示された資料やヒアリングによって実施されるため、網羅性が十分でないこともあります**。特に、経営者自らも失念しているような取引が、IPOの準備の過程で明るみになり、IPOスケジュールが延期になるケースもありますので、**自社との取引についてはできる限り文書化することを習慣にしてください**。

　いくつか事例を見ていきたいと思います。

(1) 親族の会社との取引
【事例1】

　IPOを目指しているA社は、大手海外企業B社の商品を販売していた。

当該商品は、B社から直接購入していたわけではなく、A社の経営者の親族が経営するC社を経由したものだった。

　主幹事証券会社からの指導で、C社を通さずに直接、B社から購入するように商流を変更し、関連当事者取引を解消することを試みたが、C社側からはB社との契約の都合で関連当事者取引を解消することができないと断られたことから、IPOに支障が生じてしまった。

〈解説〉

　たとえIPOのためとはいえ、親族であっても、契約等の**ビジネス的な観点から関連当事者取引を容易に解消できないケースもあります**。契約関係については事前に確認をしておくことが望まれます。

　また、関連当事者取引を解消する目的で、経営者の親族等が所有する資産などを企業が購入するケースもありますが、取得しようとする資産の時価が高い場合（税務的な観点からも低廉譲渡はできず、時価での取引となることもあります）、資金的な負担が大きくなり、運転資金の資金繰りに大きな影響が生じてしまうケースもあります。

(2) IPOに関連しない経営者の個人的な子会社株式の買取り
【事例2】

　IPOを目指すD社は、D社のビジネスとは関係ない別のビジネスを営むE社を子会社として所有していた。

　主幹事証券会社からの指導によりE社の対応を求められたことから、経営者は自らE社株式を引き取るという決断をしたが、購入の資金繰りが中々つかず、IPOに支障が生じてしまった。

〈解説〉

　オーナー系企業においては、様々な理由で子会社を設立するケースが多くあります。**自社のビジネスに関係していない**とか、**実質は経営者の個人的な会社**

となっている場合などは、当該会社について、IPO の過程で譲渡や清算などの対応が求められることがあります。

　なお、**経営者が当該会社との関係の解消のため、自社から株式を購入する場合には、当該取引自体が関連当事者取引になりますので、取引においては譲渡対価の合理性が問題となります。**上場株式と異なり、非上場株式には明確な時価がありませんので、公認会計士や監査法人等の外部専門家による株価算定で算出された価額に基づいて売買することが求められる可能性もあります。

　なお、IPO に関連しない子会社を清算や合併によって解消するという対応も考えられます。子会社を清算や合併は、法務的、会計的、税務的な観点から慎重に検討する必要があり、処理を誤りますと、IPO にも影響を及ぼす可能性があります。そのため、子会社を清算や合併を行う際には、専門家に相談のうえ、実行してください。

(3) 経営者との間の立替金（貸付金）の精算
【事例3】

> 　100％の E 社の株式を所有するオーナー経営者の F は、E 社と自身を経済的に同一のものと考え事業を行っていた。E 社の資金が足りないときには F が貸付や増資などにより資金手当てを行う一方、F の個人的な交通費や交際費、固定資産の購入などの支払いについては E 社が行い、E 社の経理上は F に対する立替金として処理していた。
>
> 　F が IPO を目指そうと決め、監査法人に IPO のためのショートレビューを依頼した際に、当該立替金については、実質的に F に対する貸付金であるため、解消する必要があるとの報告がなされた。F に対する立替金（貸付金）は多額になることから、F は直ぐに E 社に返済することができず、IPO に支障が生じてしまった。

〈解説〉

　自社の株式を100％経営者が保有しているケースでは、所有と経営は一致し

ており、経済的にも自身と会社は実質的に同一であることから、お互い相互に資金のやり取りを行い、適時に精算されないで放置されているケースが実務では見受けられます。非上場のままでいるのであれば、税務的に問題になる場合を除き、そのままで問題ありませんが、上場企業を目指そうとした場合、**所有と経営を分離するとともに、経営者といえども、自社と財務を独立していることが求められます。**

経営者に財産があり、返済資力に余力があれば問題ありませんが、経営者に余力がない場合、その対応が問題となります。

100％オーナー企業の場合、税務的な兼ね合いもあるかもしれませんが、役員報酬が低く設定されているケースがあります。そのような場合には、報酬水準を適正額に引き上げ、報酬から弁済していくという対応が考えられます。

余談ですが、IPO準備の過程で経営者が居住する不動産について、自社が家主（賃貸人）と契約をして借り上げ、それを社宅として経営者に使用させている場合で、当該不動産賃料の一部のみを経営者が負担しているようなケースも関連当事者取引に該当します。そのため、このような関連当事者取引を解消するケースにおいても、企業側が負担している賃料相当額を経営者の報酬に上乗せし、経営者が家主から直接賃借してもらう契約に変更する（すなわち、自社は関与しなくなる）という対応が取られることもあります。

5. 許認可・法令等の問題

IPOの準備の過程で許認可や法令等に問題が生じ、IPOスケジュールが延期になったり、IPOそのものを断念したりするケースがあります。

(1) 許認可・法令による行政当局の調査、指導があった場合
【事例1】

健康関連の商品を取り扱っているA社は、昨今の健康志向ブームに乗

り、業績を飛躍的に成長させていた。A社が取り扱う商材で外国から輸入して販売しているものの一部で健康被害が生じ、それをもとに行政当局の調査、指導が入ったため、IPO準備に支障が生じてしまった。

〈解説〉

　リスク情報のところでも解説いたしましたが、IPOを目指そうとする場合においては、**自社のビジネスについて許認可・法令の関係で問題がないかどうかについて確認をする必要があります**。特に、ECコマースなどのBtoCビジネスを展開している場合には、顧客の消費者から行政当局等にクレームが入ると、その対応及び、必要に応じて改善策等を講じる必要があり、IPOスケジュールに影響が出る恐れもあります。

　また、BtoCではなく、BtoBのビジネスであっても、従業員（特に、元従業員）や同業他社からの、いわゆるタレコミが行政当局に対してなされる可能性もあります。

　IPOを目指すということは業績が好調であったり、スタートアップ・ベンチャー企業においては今までの業界慣習や秩序を破るビジネスモデルであったりすることにより、同業他社の嫉妬を買う可能性があります。また、IPOをする段階では、自社の成長性や将来に惹かれ、優秀な人材が入社するケースも多いかと思われますが、それが従来から在籍する従業員との間で軋轢が生じる可能性があり、それによってどちらかが自社に対して不満を持ちながら辞めてしまうケースもあります。

　無論、IPO準備中の企業だけではなく、上場企業は常に上述のようなリスクに晒されることになりますので、新規のビジネスを開始する際には必ず許認可・法令等の問題の有無を確認し、不明な場合には顧問弁護士等に確認することが必要になることにご留意ください。

(2) 重加算が課せられた場合
【事例2】

> B社はIPOに向けて準備を進めていた。IPO準備をする過程で、税務署の税務調査が入り、一部の取引について税務当局側と見解に対立が生じた。税務当局側によれば、当該取引はB社が所得隠しを意図したものであると判断した。
>
> B社は反論したがB社の意見は受け入れられず、最終的には、税務当局からと重加算税が課されてしまい、IPOに支障が生じてしまった。

〈解説〉

業績が良い企業ですと、3年〜5年程度のサイクルで定期的に税務調査は行われていますので、IPOの準備期間に税務調査が入るケースは多く見受けられます。税務調査での指摘事項がすべてIPOに影響を与えるわけではなく、指摘事項に基づく修正申告において、修正すべき内容や金額的の重要性によっては、IPOスケジュールに影響が生じないケースもあります。

しかしながら、**重加算税が課されるようなケースでは、IPOに大きな影響があります**。重加算が課される場合は、税務当局が事実の「隠蔽」または「仮装」を行っていると認定したということになります。重加算がなされたという事実について仮に企業側は脱税や粉飾決算を意図したものではなかったとしても、IPOの審査で主幹事証券会社や取引所側は、脱税や粉飾決算があったものとみなし、今後もその可能性があると判断する可能性があります。そのため、税務調査で重加算が課される可能性がある場合には、顧問税理士や顧問弁護士とも十分相談して対応することが望まれます。

余談ですが、IPOの実務を行っていると、税務調査で所得税の源泉徴取漏れが指摘されるケースがあります。これは、IPO関係や新規ビジネスにおいてコンサルを受ける場合に、当該コンサルタントが個人事業主の場合で報酬を支払う場合や役職員に対して発行したストックオプションなどで**源泉徴収漏れが生じるケース**です。**源泉税は金額が大きくなるケースもあり、回収でトラブルになることがあります**。特に役職員の場合、当該役職員からの回収が直ぐにはできず、結果的に役職員への貸付として月額の給与からの回収となってしまうよ

うなケースもあります。

　なお、IPOの実務においては判明した修正申告による納税額の影響が大きい場合、監査法人や主幹事証券会社等から過年度の決算書の修正を求められるケースがあります。決算書の過年度訂正は、実務的な負担がかなり高くなり、IPO実務が停滞する可能性がありますので留意が必要です。

（3）反社会的勢力の関係があった場合
【事例3】

> 　IPOを目指していたC社は、スタートアップ時に多くの資金を必要として、経営者の人脈を活用して投資家Dから資金を調達しビジネスモデルの基盤を作りあげた。
> 　ビジネスが軌道に乗ってきたことから、C社はIPOを目指すこととしたが、その途中でD氏が反社会的勢力の人間であることが判明した。経営陣は色々対応を試みたが解決は難航し、IPOに支障が生じてしまった。

〈解説〉

　「第3節5.（3）反社会的勢力との関係の有無」において、反社会的勢力との対応関係について解説しました。**役職員や取引先のみならず、株主も調査の対象であり、万一、反社的勢力であると判断された場合には当該関係者との関係を切り離す必要があります。**

　IPO実務において、反社会的勢力との関係を解消する時、株主の場合、特に一定割合を持つ株主の場合は困難なことが多いと思われます。これは、a.スタートアップや資金不足の時に自社を援助してもらったという経緯（言わば、相手に対して借りがある）や、b.買い取るための資金の対応（通常は経営陣が買い取るケースが多いと思いますが、譲渡代金が多額の場合それを負担できないケースがある）、c.価格の問題（相手側が事情を把握していますと、不当に高い金額を要求してくるケースがある）など様々な要因により、関係の解消が容易でないからです。

　もちろん、株主以外のケースでも関係の解消には金銭的な負担や時間がかかったりしますので、IPO へのスケジュールにも影響が生じる可能性があります。また、関係解消への対応によって経営陣のメンタル面に大きな負担がかかることもあります。

　そのため、IPO を目指すと決断した際には、早い段階で反社チェックを行うことが有益です。

6. 資本政策上の問題

　資本政策に関する具体的な解説は、第4章第4節をご参照いただきたいのですが、ここでは資本政策上で生じる IPO のトラブルをご紹介いたします。

(1) ベンチャーキャピタルとのトラブル
【事例1】

> 　A 社スタートアップ時に、新しいビジネスモデルが評価され、高い株式単価でベンチャーキャピタル B から出資を受けた。その後、経営環境等が大きく変わり、A 社のビジネスモデルは変遷していった。
>
> 　A 社は IPO が狙える規模の企業に成長したが、現在のビジネスモデルに基づく企業価値は、当初 B から出資を受けた時に比べ大幅に下落しており、B からは出資時に締結した契約に基づき当初の出資単価で A 社または経営陣が買い取りをするか、IPO 時のバリューをアップするようなプレッシャーを受け続けることになってしまい、IPO に支障が生じてしまった。

〈解説〉

　スタートアップ・ベンチャー企業は、スタートアップ時や事業を拡大する時の資金を確保するため、ベンチャーキャピタルから出資を受けることも多いと思います。ベンチャーキャピタルは、中長期の事業計画に基づいて企業のバ

リュエーションを算定し出資を行います。経営陣も少しでも多くの資金を集めたいことから、事業計画を高めに設定するケースもあります。事業計画どおりにビジネスが進めば問題ありませんが、新しい技術やビジネスモデルの場合、市場の需要が読めないことも多く、当初の見込みどおりにいかないケースもあり得ます。

　ベンチャーキャピタル側としては、出資した金額の以上のリターンを見込んで出資をしていることから、当初の事業計画から大きくビジネスが変貌しバリュエーションが低くなった状態での上場は望みません。一般に企業がIPOする際に、ベンチャーキャピタルは株式を売却することによって、資金の回収を図ります。そのため、IPOによって回収する金額よりも出資時の買取条項によって回収できる金額の方が大きければ、そちらを選択します。他方、単価が高い場合は、自社や経営陣が買い取る余裕がないケースも多いと思われます。

　そのため、**ベンチャーキャピタルから出資を受ける際には、その後の買い取るリスクも考慮して、出資額の単価や買取条項が発動する条件を交渉する必要があります。**

（2）ストックオプションのトラブル
【事例2】

　IPOを目指していたC社は、IPOを目指すと決定した時点で従業員のモチベーションアップを目的として、既存の従業員向けストックオプションを発行した。その後、自社の成長のために必要となる優秀な人材を積極的に採用し、C社の業績は向上していった。

　C社は優秀な人材のインセンティブ向上のためストックオプションを新たに発行し付与することとしたが、C社の業績の向上に伴い企業価値そのものが最初のストックオプションを従業員付与した時と比較して上昇したことや付与対象者が多くなったことから、実際にストックオプションとして付与できた条件や数は最初に発行した時と比べるとかなり悪いものと

なってしまった。

　そのことで後から入社した従業員達は、逆にモチベーションを喪失し、退職が続いてしまった。それがもとで、ビジネスは停滞し、IPOのスケジュールに影響が生じた。

〈解説〉

　ストックオプションは、従業員のインセンティブを高める手段の1つです。インセンティブを上げるために、給与水準をあげるという方法もありますが、スタートアップ・ベンチャー企業は、損益や資金繰り的な問題から給与をあげることができないことも多く、その代わりとしてストックオプション制度が活用されています。

　ストックオプションの難しさは、ストックオプションの付与により従業員間で公平・不公平が生じるということです。ストックオプションも経済的な報酬の一部ですので、給与や賞与と同様に従業員間で差が出ることは、ある意味当たり前のことなのですが、IPOによって、一攫千金を得るチャンスとなり得るストックオプションは特別な存在とされるケースがあり、その数や条件等に起因して従業員が不満を生じるケースがあります。特に、古くからいる従業員とIPO準備をきっかけにして、新たに企業に転職してくる従業員ではストックオプションに対する認識の格差が生じることもあります。

　ストックオプション制度は、一度スタートすると途中で制度の修正等が難しいため、ストックオプションを付与する場合には、タイミングや条件については、資本政策を踏まえて予め十分な検討が必要になります。

　なお、本件のような問題をクリアーするために、近年では**信託型ストックオプション制度**を導入するスタートアップ・ベンチャー企業が増えておりました。この制度の良い所は、制度導入時に付与者を確定させる必要がなく、一定期間後（信託期間満了時）に、対象者や各人ごとの付与の数を決めることができるため、業績や人事評価に応じ柔軟に対応できるという点です。ただし、2023年6月に国税庁から、株式の売却時ではなく、ストックオプション権利

行使時に課税するという見解が出されたことから、今後の実務には大きな影響が生じる可能性があります。

　なお、余談ですが、当初ストックオプションなど要らないとか、興味が無いと言っていた従業員に対して、ストックオプションを付与し、その後、何らかの理由で IPO することを断念してしまった場合、付与された従業員が辞めていくケースがあります。IPO を断念するとストックオプションが無価値になるという失望感や自社が上場企業になることに対する期待感、キャリアップの機会が無くなったと感じる喪失感のせいかもしれません。いずれにせよ、人の心は分からないものです。

第6節

IPOの準備を始める前のセルフチェック

　前節までに見てきたように、IPOを達成するためには形式的・実質的な要件をクリアーすることが必要になります。また、実際にIPOの準備を始めて様々な諸問題に直面し、達成が困難になったり、また途中で挫折したりするケースもあります。

　IPOの準備には、ヒト、モノ、カネ、時間を含め多くの経営資源を必要とします。外部の専門家にIPO関係の業務を委託するのは、もちろん、上場企業としての内部統制を構築するために、管理部門の人材を採用したり、システム等の設備投資をしたりする必要があります。また、社内の規程等の整備や運用によって、現在に比べて経営効率が悪くなることもあるでしょう。

　IPO準備が始まると、IPOという目的達成のために経営戦略や経営方針について一定の制約が発生するのも事実です。なお、一定の制約については、第4章第5節「IPOを達成するのに必要な期間」でも少し解説します。

　そこで、IPOの準備を始めると意思決定する前に、IPO達成のための課題についてセルフチェックを行い、達成可能性があるかどうかについて、ざっくりとした方向性を確認してみましょう。チェックリストは巻末にあります。

　なお、このチェックリストはIPOにおける典型的な問題となる点をご自身で確認し、どの程度、IPOに困難さを伴うかどうかを確かめることを目的としています。そのため、あくまで概括的な問題点の有無を確かめることが目的ですので、このチェックリストをすべてクリアーしたからと言ってIPOの達成が確約できるものではありませんし、多くの項目で問題点が発見されたからといって、IPOができないというものでもありません。ご自身の健康についてド

クター等に相談する前に行う健康に関するチェックリストと同様、外部の専門家に IPO について相談する前に、自社の状況についてセルフチェックを行うイメージです。

　チェックリストの使い方は、巻末に記載の「IPO 準備を決める前のチェックリスト利用上の注意」をご参照してください。

第 4 章
知っておくべき
IPO に
必要な要素

第1節

知っておくべき IPO に必要な要素とは

　上場企業を目指そうと決意し、いざ IPO の準備を始めると IPO を達成するために多くの要素が必要であるということを実感するスタートアップ・ベンチャー企業の経営者は数多くいらっしゃいます。実務家の中には、IPO 自体を入学試験に例える人もいます。IPO という入試試験を合格するためには複数科目の合格ラインをクリアーする必要があり、また、いずれの科目も最低限、合格するために必要な点数（最低ライン）があるということです。すなわち、1科目だけ突出して良い点数を取ったものの、他の科目が最低ラインに達していないという状況では合格ができないという試験です。無論、科目によって配点は異なるものの、すべての面で合格ラインに満たすということ自体が非常に難しく、一部が未達成のため IPO スケジュールを延期したり、IPO を断念してしまったりという企業が多いというのが IPO 準備の実情です。

　IPO を達成するためには、様々な要素が必要になります。その中でも特に重要な要素となる**“業績そのもの”“予算管理”“企業内部の人材”“外部の協力者”“資本政策”“費用（コスト）”**について、次節以降で解説していきます。

第2節

企業業績

1. 企業業績のハードル

　企業業績そのものは、経営の1つの要素というものではなく、経営を行った結果です。それにもかかわらず敢えて、企業業績をIPOのための要素として取り上げたのには理由があります。

　IPOの実務に長い間関与していますと、IPOできるかどうかは、企業業績が大きく作用するということを実感するからです。

(1) 右肩上がりで業績を計上していくことの難しさ

　スタートアップ・ベンチャー企業の経営者の方からすると、当たり前だと思うかもしれませんが、これが中々至難の業なのです。IPOを達成する期を基準にして、実務では、達成する期の事業年度のことを「申請期、またはN期」、1期前の事業年度を「直前期、またはN−1期」、2期前の事業年度を「直前々期、またはN−2期」という呼び方をします。IPOの王道では、**この3期間の売上高、営業利益、経常利益、当期純利益が綺麗に右肩で上がっていることが望まれています。**

　IPOを目指そうと意思決定するのは、この3期間よりも以前の事業年度のN−3期かN−4期辺りで決めることが多いと思われます。その時点では、ビジネスが軌道に乗り始めて、将来の成長性を見込めると思えた時であり、業績は好調なケースが多いと思われます。その後も市場の拡大や、自社のサービス

が順調に成長していけば良いのですが、現代は経営環境の変化が激しく、3年前までは流行っていたものが、失速してしまうケースも多くあります。よくある "○○ブーム" などがいくつも生まれては消えていっているのは、皆さんご存じのとおりです。

(2) IPO 準備のための費用（コスト）が増加すること

　また、IPO に向けて、人材を採用したり設備投資を実施したり、IPO 関連の専門家に業務の委託などを行うと、IPO 準備関連の費用（コスト）が次々と発生していきます。これらの**費用の中には企業の業績の成長に寄与するものもありますが、大半は直接的には貢献しないどころか、経営の効率化という観点からすると、マイナスに作用するものが多い**と思われます（例えば、稟議制度などの内部統制）。また、経営の迅速性や効率性のみを追求していくということであれば、オーナー経営者が独断で経営判断をして実行していく方が良いことが多く、内部統制やコーポレートガバナンスは、ブレーキや万一のための安全弁のような側面があります。

　特に、IPO 準備をしていて、スタートアップ・ベンチャー企業経営者が不満に思うことの中に、稟議制度や取締役会決議などに時間がかかり、迅速性が阻害されるということがあります。スタートアップ・ベンチャー企業では、紙面を使った稟議というものを使っていることは少なく、多くが電子決済かもしれませんが、稟議を作る分だけ一手間余分にかかります。また、取締役会は通常、月1回開催されることが多く、臨時の取締役会を開催する場合でも社外役員との日程調整等が必要になることから迅速性という観点からは劣ることになると思われます。

　もちろん、プライベートカンパニーのままいくのであれば、このような取締役会や内部統制は不要かもしれませんが、IPO を通してパブリックカンパニーとなるためには、避けては通れません。上場企業には経営の効率性のみならず、経営の安全性や持続可能性も求められています。例えば、上場企業には、仮に、オーナー経営者が不慮の事故や病気等で経営から一時的に離れること

あったとしても、それが無かったかのように、ビジネスを継続していくことが求められます。また、企業が成長して拡大していくと、経営者の目が直接届きにくくなることがあります。その結果、企業の不祥事が発生することがありますが、不祥事は企業の財政状態や経営成績に大きな影響を与え、企業自身の存亡にも影響することすらもあり得ます。

不正を防止又は発見する、もしくは経営者自身を監視するという観点からも、内部統制やコーポレートガバナンスの整備や運用が上場企業には必要となり、そのためのコストが発生いたします。そして、上場企業はこのようなコストを負担したうえでなおかつ、投資家から求められる利益水準を計上していくことが求められます。

本書をお読みのスタートアップ・ベンチャー企業経営者は、IPO を達成するためどのように企業業績を作っていけばいいのか、何か必勝法のようなものがあるのかということが気になると思います。残念ながら、これなら絶対 IPOできますという必勝法のようなものをご提示することできません（それができるなら、もっと多くの IPO 準備会社が上場を達成しています）。

ただし、今まで色々な企業を見て分かったコツのようなものについていくつかお伝えします。

2. ビジネスモデル

それぞれ企業が営んでいるビジネスモデルの違いは、そのまま業績の違いになってくると思います。業績とビジネスモデルの関係は複雑で簡単に分解し説明できるものではないと思いますが、ここでは大きく、（1）サブスクリプションのように積み上がっていくビジネス（積上型ビジネス）と（2）非積み上っていくビジネス（非積上型ビジネス）とに分けたいと思います。

(1) 積上型ビジネスの場合

　積上型ビジネスにおいては、**直前期（N－1期）で主幹事証券会社等が要求する上場の基準をクリアーする売上高や利益水準を目指し、申請期（N期）は、そのクリアーした水準をそのまま順調に維持していくことを目標**にします。一般的に、積上型ビジネスは、顧客数やライセンス数に比例して売上が増加していくビジネスモデルであり、これらの獲得に時間やコストがかかると思われます。

　直前期（N－1期）にターゲットとする顧客数やライセンス数などの売上に連動するKPIを獲得するために、**直前々期（N－2）やそれ以前の事業年度においては、営業や広告宣伝などを積極的に行っていくことが重要**です。直前々期（N－2期）において、KPIの獲得のために多くの費用を計上したことによって、仮に営業損失を計上することがあったとしても、直前期（N－1期）以降でKPI獲得の効果により業績が回復することが合理的に見通せる場合には、その後のIPOスケジュールに変更が生じるリスクが減少します。また、KPIの獲得に必要となる費用のうち外部リソースを利用するもの（例えば、広告宣伝費や販売手数料）については、経営者が短期的にもコントロール可能な費用となります。そのため、直前期（N－1期）や申請期（N期）などの予算統制においても、自社の裁量で営業利益をコントロールできる側面があり、予算達成のハードルが下がります。

(2) 非積上型ビジネスの場合

　非積上型ビジネスにおいては、毎期受注と納品やサービスのような役務提供を行うことにより売上が計上されていきますが、**特にIPOにおいてハードルが高いのは、1件当たりの受注・売上金額が相対的に高い案件**（ここでは、「ホームラン案件」と呼びます）**が売上高のある程度の割合を占めるケース**です。

　ホームラン案件を中心にトップラインである売上高が構成されているビジネスモデルのメリットとしては、ホームラン案件の管理を重点的に管理し獲得すれば、売上の金額をある程度達成する見込みが立ちやすいということだと思わ

れます。一般的に、1件当たりの受注・売上金額が相対的に低い案件（ここでは、「ヒット案件」と呼びます）を数多く獲得しようとすれば、営業員や営業所、様々なメディア等への広告など多くの営業獲得活動と獲得した案件を管理するためのシステム導入など、コスト面の負担は高くなります。スタートアップ・ベンチャー企業の中には、組織体制や資金繰り等の関係からヒット案件を積み上げて売上を作っていくような組織体制の構築が十分でないこともあり、ホームラン案件を狙っていくという戦略を採用しているケースも少なくないと思います。

　順調にホームラン案件を獲得し続ける他社が真似できないような差別化戦略や参入障壁があるようなビジネスモデルであればこの戦略を中心にして IPO を目指すということも可能だと思いますが、多くの場合、3年間以上も連続してホームラン案件を中心にして企業業績を拡大していくことは困難なケースも多いと思われます。また、現状ではホームラン案件を獲得していけるような差別化戦略や参入障壁があったとしても、ホームラン案件は他社にとっても魅力的であり、色々な企業が参入してきて、あっという間に、いわゆる "レッドオーシャン" になってしまう可能性があります。さらに、直前期（N－1期）や申請期（N期）で従来獲得できていたホームラン案件が獲得できなかった場合に、代替的な案件によって、すぐさま埋め合わせができれば良いのですが、実際には、埋め合わせをすることができず、IPO スケジュールが延期になってしまうケースが多いように思われます。

　IPO 達成のための企業業績ということであれば、ヒット案件で自社の売上のベース部分を作り、ホームラン案件が上乗せボーナス分くらいとなることが望まれます。

3. 市場（成長期、安定期、成熟期）

　自社の属する市場の成長の状況によっても、企業業績の推移は大きく変わると思われます。一般に、市場が成長期であれば、市場の成長に合わせていくだ

けで、右肩上がりの業績となりやすく、安定期及び成熟期においては自社の努力によって市場占有率を上げるなどの対策が必要になります。東京証券取引所のスタンダード市場やプライム市場などを目指す場合においては、上場の要件に成長性が課せられておらず、場合によっては業績の安定性などが求められる面もありますが、**グロース市場を目指す場合は、上場承認の要件として、成長性が課されています**ので、右肩上がりを続けていくことが合理的に説明できる必要があります。

　一般に、**毎年売上 10%前後の増加を市場占有率の継続的な増加によって達成することは難しい**と思われますので、既存のビジネスを基盤としつつも IPO 達成のためには**新たな市場の開拓や新製品・サービスを展開していくことが必要**になるでしょう。新規市場の開拓や新製品・サービスの展開にどの程度時間がかかるはケースバイケースだと思われますが、**できる限り、直前々期（N－2 期）より前の事業年度で新ビジネスに着手すること**をお勧めします。新ビジネスが軌道に乗るまでのリードタイムはある程度余裕持っておくことは当然のことですが、IPO においては予算統制が重要なポイントとなります。**予算作成の精度を上げるためのバックデータの集積は、できれば 1 年分は欲しいところ**です。

　直前期（N－1 期）の予算を精緻化することを視野に入れますと、少なくともその前の事業年度である直前々期（N－2 期）はフル 1 年分のデータを収集し、それに基づいて予算統制に反映させていくことが望ましい対応と言えます。

4.　直前期（N－1 期）の重要性

　実際に IPO を達成できた企業の多くは、直前期（N－1 期）にしっかりと業績を拡大し、利益を計上しています。

　グロース市場（旧マザーズ市場も含む）は業績要件が無く、赤字でも上場している企業もあることから、直前期（N－1 期）の業績は問題無いだろうと思っているスタートアップ・ベンチャー企業の経営者もいらっしゃるかと思わ

れます。しかしながら、赤字での上場というのは、SaaS（Software as a Service）型など将来の業績の向上が分かりやすいビジネスモデルを除きますとレアケースな面もありますし、SaaS型での赤字上場の場合も、売上の拡大のためにシステム開発や広告宣伝費等を多く投入し、IPO後に高い成長可能性があるビジネスモデルや競争優位性の高い製品やサービスを展開しているケースです（なお、更にこの例外としてバイオベンチャー企業がありますが、該当する企業は少ないことと思われますので、本書での解説は割愛します）。

　IPOの実務では、直前々期（N－2期）はトライアル期間と捉え、上場企業になるための様々な整備や改善を行う期間であり、業績も必ずしも高い必要はありません。また、IPO時に開示される財務データは一般的に直前々期（N－2期）と直前（N－1期）が並んで開示されるため、仮に何らかの要素で直前（N－1期）の業績が直前々期（N－2期）を下回ると、投資家からは良い評価を得られない可能性もあります。

　そのため、**直前々期（N－2期）は、直前期（N－1期）への仕込みの事業年度と位置づけ**、業績向上のためのアクセルを踏み過ぎないこと、**直前期（N－1期）はしっかりとアクセルを踏んで業績の実績を残すこと、申請期（N期）は過度に無理をし過ぎず、自然体で直前期（N－1期）の流れに乗って業績を積み上げていく**ということが望ましいと思われます。

第3節

ヒト（組織内部の人材、外部の専門家）について

1. IPO準備に必要となるヒトとは

　IPOを目指そうと決断し、準備を始めると様々なヒトと関与することになります。IPO準備では、新たに社外から役員を登用したり、IPO関連で人材を雇用したりすることにより自社の一員になるということもあれば、主幹事証券会社や監査法人、弁護士など外部の専門家がIPO準備に関与することにもなります。様々なヒトがIPOに関与してきますが、本書ではそのうち、IPOにおいて特に重要となる企業内部のヒトと企業外部のヒトについて解説していきます。

　なお余談ですが、IPOの実務をしていて思うことは、**"ヒトの良し悪し"**がIPOの達成に関連してくることがあることです。ここで言う"ヒトの良し悪し"は、その方の能力ということ言っているのではありません。無論、能力的な面も関係するとは思いますが、相性や、いかに自社に対して愛着を持ってくれるかどうかということです。少しスピリチュアル的な話にもなるので、怪訝に思われる方もいらっしゃるかもしれませんが、IPOにも**"人の縁"**というものは非常に重要だと思います。"あの時、あの縁があったから、ビジネスが上手く行った"ということ同様です。また、IPOの準備には長い期間を要します。相性があまり良くないと、中々、その方との縁も深まっていきません。是非、"ヒトの良し悪し"も大事にしてください。

2. 企業内部のヒト

(1) 取締役、監査役（もしくは監査等委員）

　「第3章第3節4.（1）役員の適正な職務の執行を確保するための体制」でも解説しましたが、上場企業においては、会社の機関として、取締役会及び監査役会（もしくは取締役監査等委員会）の役員が必要になります。

　スタートアップ・ベンチャー企業では、経営者のみを取締役とし、他のメンバーを役員に登用していないケースもあるかもしれません。取締役や監査役（もしくは取締役監査等委員）は、社外役員の選任が少なくとも3名（取締役監査等委員会設置は2名）以上が必要になります。

(2) 内部監査

　上場企業では、内部監査が必要になります。内部監査は、自社のビジネスが法律や社内ルール、フローなどが適切に守られているいかどうか、業務が効率的に遂行されているかを調査し、経営者に報告するとともに必要な助言をする企業内部のチェック機能です。

　内部監査は監査対象部署から独立していることが求められることから、内部監査部などのような独立している組織が望まれますが、組織規模が小さい場合には、相互チェック（管理部門の担当者が業務部門をチェックし、業務部門の担当者が管理部門をチェックするやり方）ということも認められています。

　IPOの実務上、スタートアップ・ベンチャー企業においては、組織規模大きくないケースが多いと思われますので、独立した部署として1名程度で内部監査を実施しているケースが多いように思われます。

(3) 管理部門

　非上場企業でも、ある程度以上の規模の企業であれば、管理部門にはそれなりの社内人材を揃えていると思いますが、スタートアップ・ベンチャー企業で

管理部門が充実しているケースは少ないと思われます。

　上場企業の管理部門の機能で一般的に必要とされる機能は、①経理・財務、②総務、③人事、④経営企画、⑤ IR（Investor Relations）です。企業規模にもよりますが、これらが別々の部署（部門）となっているケースもありますし、小さい組織であれば、管理部門を大きく、①経理・財務系、②総務、③人事系に分けて、④経営企画及び⑤ IR については、それぞれで分担しているケースもあります。

①　経理・財務

　よく経理と財務を混同しているケースがありますが、IPO の準備では両者を分けて捉える必要があります。経理は、いわゆる簿記で仕訳を会計帳簿に入力することであり、財務は現預金の入出金をすることです。内部統制の考え方で、**帳簿に記帳する担当者と現預金を管理する担当者を分けることが求められています。**

　小さな組織の場合、経理・財務をそれぞれ経理部や財務部（課、グループも含む）という組織まで分けずに、「経理・財務」と１つにすることも認められますが、少なくとも担当者は別々の人間を配置する必要があります。

　IPO 実務においては、経理担当は、日常の経理業務に加え、予実分析、公認会計士や監査法人の会計監査対応、IPO の申請書類の作成、主幹事証券や取引所の上場審査対応の業務を行うことになり、IPO 実務で最も負荷がかかります。また、内部統制の観点から、仕訳を起票する担当者とそれをチェックする上長を分ける必要があります。そのため、一般的に、小さな組織であっても財務・経理で最低限３名以上の確保が必要です。

　なお、スタートアップ・ベンチャー企業の中で、会計業務をアウトソーシングしている企業あり、そのままアウトソーシングで IPO ができないかと考えている経営者の方もいらっしゃるかもしれません。しかしながら、**IPO を目指すと決断した場合には、会計業務を内製化する必要がある**と考えてください。これは、まず、アウトソーシングすると適時に月次決算を締めることが−

般的には難しいこと、また、上場企業の決算情報はインサイダー取引の要因ともなり得るため、できる限り外部に出さない方が望ましいこと、さらに、公認会計士や監査法人の会計監査の対応がアウトソーシングの対応では難しいことなどの理由があります。

② 総務

　上場企業の総務で重要なことは、**株主総会の運営、取締役会や監査役会の事務局、株主名簿の管理、各種社内規程の整備及び法律等の改正に伴うアップデート、登記事項**などの対応です。いずれも、非上場企業、特にスタートアップしたばかりの企業ですと、これらの対応が放置されたり、後手に回ってしまったりということもあるかもしれませんが、IPOの準備ではいずれも重要な業務になります。

　特に、各種社内規程の整備及び法律等の改正に伴うアップデートはそれなりボリュームがある業務となりますが、ひな形等を上手く活用することにより業務を効率化することも可能です。

③ 人事

　「第3章 第5節 3.労務問題」で解説しましたように、労務管理はIPOでは重要なポイントになります。**残業管理や人事評価などは、非上場企業の時と比べてかなり高い管理レベルが必要**になります。もっとも、近年は様々なシステムやクラウドサービスがありますので、それらを活用することも有用と思われます。

　また、IPO後に積極的に組織を拡大するために、人材を採用していきたいと考えているスタートアップ・ベンチャー企業の経営者は、人事担当に優秀な人材を採用することをお勧めします。

④ 経営企画

　スタートアップ・ベンチャー企業では、経営者自らが経営企画を担当してい

るケースも多いかもしれません。

　経営企画というと、経営戦略やビジネスモデルの構築のようなイメージをお持ちの方もいらっしゃるでしょう。IPO 実務で経営企画担当者がそのような業務に携わるケースもありますが、それ以外にも、**予算及び事業計画の取りまとめ、経理と連携して予実管理、上場申請書類の作成（主に経理以外の部分）、主幹事証券や取引所の上場審査対応の業務（主に経理以外の部分）、上場時の投資家への説明資料の作成**など、多岐に渡ります。

　なお、IPO 準備企業では、IPO 達成後に経営幹部候補として経営企画を担当してもらうこと前提に、当初は IPO の準備担当者として採用し、主幹事証券や取引所対応など IPO 関連業務を行ってもらうケースが多いように見受けられます。

⑤　IR

　IR は Investor Relations の略であり、企業が株主や投資家に向けて経営状態や財務状況、今後の事業計画など投資の判断に必要な情報を提供する広報活動です。

　IR はあくまでも企業全体の広報活動を行う部署であり、販売促進のために行われる広報活動とも異なりなりますし、株主、投資家を対象としていますので、厳密には PR（パブリック・リレーションズ）と異なります（PR は企業のイメージアップが目的ですので、通常は企業にとって悪い情報は行いませんが、IR は企業にとって悪い情報であっても開示を行っていく必要があります）。

　IR 活動は、法律や取引所の要請に基づいて行われることもありますが、株主や投資家に対して積極的に企業状況を開示することにより信頼関係を構築していくことが重要です。

　特に、スタートアップ・ベンチャー企業が IPO を行う場合、新規の技術やサービス、ビジネスモデルであることもあり認知度が低いケースも多く、投資家から事業の内容やビジネスモデルを理解してもらい投資に繋げることは非常に重要になります。スタートアップ・ベンチャー企業の経営者の中には、この

辺の説明が得意だから自分で出来ると思っている方もいるかもしれませんが、**IR 業務は投資向けの資料のみならず、法定開示の資料の作成や、株主や投資家からの質問対応など多岐に渡る**ため、IR 業務を担当する人材が必要になります。

　上場しているベンチャー企業の中でも小規模な企業においては、②総務、③人事、④経営企画、⑤ IR のうち、②総務、③人事は①の経理・財務とは別の担当者を配置し、④経営企画、⑤ IR については、兼務しているケースもあり、管理部門としては最低5名程度以上（CFO も含めて）が必要になります。

3. 企業外部のヒト（外部専門家）

　IPO の準備過程において中心となる企業外部のヒトは、（1）主幹事証券会社と（2）公認会計士又は監査法人です。それぞれ IPO 準備の初期の段階から関与することになり、長いお付合いになります。いずれも IPO においてキーとなる存在であり、一旦決定しますと、途中での変更が難しいのが現状です（変更する場合には、IPO の準備スケジュールが振り出しに戻る可能性があります）ので、選定する場合には慎重にしましょう。

(1) 主幹事証券会社

　主幹事証券会社は、IPO を目指す企業の IPO 準備から上場までの様々な過程で企業を支援する証券会社のことです。主幹事証券会社の中での役割分担は証券会社によって多少異なりますが、大きくは、営業担当、公開引受担当（通称、公引）、及び引受審査担当の3つに分かれており、それぞれは独立しています。

　営業担当は、IPO を目指す企業が最初に接する部署であり、主幹事証券会社が主幹事案件を獲得のために行う営業部隊です。主幹事証券会社は、IPO 時の普通株式（IPO 銘柄の株式の販売）の大部分を占めることができるため、将来

有望な企業の主幹事証券争いは、熾烈になるケースがあります。

公開引受担当は、IPO 準備企業が無事 IPO をできるようにコンサルティングを行う部署です。公開引受担当は、企業の資本政策の作成の支援や IPO に向けた内部統制の整備、申請書類作成の支援などを行います。また、同時に公開引受部署が次の引受審査担当へ審査を回すかどうかを評価することも多く、業績はもちろん、予算統制や内部統制の水準が低い場合は引受審査に進めなくなることもあるため、指導的な役割と批判的な役割の2面性を持っています。ただ、次の引受審査担当と比較しますと、企業側に近い立場ではあります。

引受審査担当は、IPO 準備会社が上場企業としてふさわしいかどうかをチェックする部署であり、厳しい質問等を IPO 準備会社にぶつけてきます。引受審査は書面による質問を中心に進められますが、毎回かなりのボリュームの質問が主幹事証券会社から企業側に投げられ、それを短期間で根拠資料も揃えて回答することが求められます。ここが、IPO 準備過程の大きな山場の1つになります。

なお、主幹事証券会社とは別に、副主幹事証券会社（もしくはサブ主幹事証券会社といわれることもあります）も関与することになります。通常、IPO では、幹事証券団として複数の証券会社によって IPO 時の株式の流通（販売）が行われます。副主幹事証券会社は主幹事証券会社をサポートする証券会社で、上場審査に関与することもありますが、多くは流通の支援をすることが多いです。近年、多くの個人投資家はネットで売買をしていることもあり、企業側も主幹事証券会社又は副主幹事証券会社にはネット証券を組み込んでいるケースがほとんどです。

主幹事証券会社や副主幹事証券会社の選定にあたっては、**提供してくれるサービスの内容、自社のビジネスモデルをどれだけ理解してくれているかのほかに、担当者との相性も重要です。** 主幹事証券会社や副主幹事証券会社は IPO 後に、増資や社債を発行する際や取引市場を変更するケースでも関与する可能性があり、長いお付合いになります。また、IPO 後も定期的に投資家向けにアナリストレポートなどを発信して、株価上昇に寄与してくれる証券会社もあ

ますので、主幹事証券会社や副主幹事証券会社を決める際には、色々な証券会社と面談、比較することが望まれます。

(2) 公認会計士又は監査法人

　取引所に提出するIPOの上場申請書類には、公認会計士又は監査法人の監査証明（監査報告書）が2期間分（通常は2年分）必要となります。

　公認会計士又は監査法人の監査は、財務諸表と呼ばれる決算書類に対して行われる会計監査（以下、「財務諸表監査」といいます）のことです。財務諸表監査では、期首残高も重要になってくることから、IPOを目指す企業への関与は直前々期（N－2期）よりも前の期（すなわち、N－3期）より以前となることが多いです。また、IPO準備の初期の時点において、IPOのためのショートレビューも依頼することになります。

　上場企業は、IPO後も上場している間は有価証券報告書という法定開示書類を毎期継続して開示することになり、当該有価証券報告書の財務諸表に対しては監査報告書が必要となりますので、IPO後も継続的に関与していくことになります。

　実務上では、IPOにおいて個人の公認会計士に財務諸表監査を依頼するケースはほぼ無く、監査法人にIPOのための財務諸表監査（「準金商法監査」といいます）を依頼することとなります。

　近年、監査法人の人手不足や監査における監査業務（これを「監査手続」といいます）の厳格化、IPOを目指す企業が多数あるなどの理由から、IPOを目指そうとしても監査契約を引き受けてくれる監査法人が見つからない、いわゆる、"IPO監査難民"と言われる現象が生じています。IPO準備を進めるための最初の関門ともなってしまっており、スタートアップ・ベンチャー企業の経営者の中には苦慮されていらっしゃる方もいると思われます。これは、IPOする際には、直前々期（N－2期）、直前期（N－1期）の監査証明（監査意見）が必要であり、いずれも遡及して監査（過去分をまとめて）を行うことが難し、IPO監査を引き受けてくれる監査法人が見つからないと、IPOのスケ

ジュールが前に進まないことになるからです。そのため、IPOの準備を進めていくにあたっては、監査法人の確保が重要事項となります。

　ここで、監査法人側が、なぜIPO監査を簡単に受けられないのかについても解説しておきましょう。

　①　人手不足

　　監査法人がIPO監査契約を受嘱できない理由の1つは、会計士の人手不足に起因します。2023年3月末時点では、公認会計士登録者の約4割しか監査法人で勤務をしていない状況となっています。ここ数年は毎年、IPOによって新規上場企業が約100社位増えているのに対して、監査法人所属者は約1万4千人程度で推移しており、増加していません。ここ数年、公認会計士論文試験の合格者は毎年約1,500人前後です。この論文式試験を合格した者（この時点では、まだ、公認会計士ではありません）のほとんどは、実務経験を積むため（公認会計士になるための要件の1つです）に監査法人に就職しますが、監査法人所属者がここ数年ほとんど変わっていないということは、毎年ほぼ同数の人材が監査法人を退職しているということになります。

　　また、近年、監査の厳格化や会計基準の変更等により、監査意見表明のための監査業務（監査手続）が毎年のように増加する傾向にあります。そのため、仮に監査契約先の状況が同じであったとしても、監査工数は増加しています。

　　昨今、公認会計士の業界は、AIやITを活用した監査を模索している状況ですが、現状では、まだまだその利用は限定的となっており、人材不足感は増々高まっています。

　②　監査リスクの問題

　　IPOのための財務諸表監査をIPO監査と言ったりすることがありますが、財務諸表を監査するという意味においては、既に上場している企業の財務諸表を監査するのも、IPO準備において準備会社の財務諸表を監査するのも、どちらも監査意見の水準に違いはなく、監査法人に求められる監

査の責任にも違いはありません。

　上場企業では、財務諸表の間違い（どぎつい表現ですが、専門用語的には「虚偽記載」といいます）を防止又は発見するための内部統制という企業内部の仕組みが適切に整備・運用されていますが、**IPO準備会社では内部統制を構築している途上ということもあり、相対的に虚偽表示が生じるリスクが高くなります**。特に、経理部門そのものの水準が低い場合、会計処理に対する判断ミスや勘違い、知識不足などにより虚偽記載のリスクが高まります。リスクが高くなると、それだけ監査工数をかける必要があることから、IPO監査の監査契約に躊躇する可能性があります。

③　事業やビジネスモデルに起因する問題

　現在は、多くの会計基準や実務指針などが作成されています。財務諸表監査の過程において、ある会計処理が企業の実態に照らして適切かどうかの判断は、まずは会計基準や実務指針で処理方法に定めがあるかどうかをチェックすることから進めていきます。仮に、会計処理の方法が定められていない場合には、類似の処理ができないかどうかを基準が作成された背景などを基に検討いたします。しかしながら、**会計基準や実務指針はすべてのビジネスにおける取引を定めたものではありません**。

　スタートアップ・ベンチャー企業においては革新的な技術やサービス、ビジネスモデルを展開していることも多く、**企業側が提示した会計処理方法が適切なのかどうか簡単に判断できないこともあります**。これらの会計処理の判断が後々になって、虚偽記載とされるリスクを避けるためにも慎重に判断することが必要になり、多くの手間と時間がかかります。ただでさえ人手不足ということもあり、難しい判断が必要となるようなIPO監査契約に躊躇する可能性もあります。

④　コストの問題

　上述したような問題があり監査法人側としては、**IPO監査は手間（監査時間）がかかるためコストがかさみ、監査報酬もそれに見合った金額を求めたいところです**。

　一方、スタートアップ・ベンチャー企業側は成長途上というケースも多く、監査法人側が求める監査報酬額を負担ができないということが多々あります。特に、かなり前に IPO に関与したことがある人材が社内にいると、「過去はそんなに IPO の監査報酬は高くなかったはずだ」と主張し、両社にギャップが生じてしまいます。確かに、過去、監査法人側にも人材の余裕があった時代には、現時点では考えられないような破格の監査報酬で IPO 監査を行っていたということもあります。その時と比較して人件費等が上がっているとはいえ、あまりにも差がありすぎることがギャップを生じる要因と思われます。

　確かに、その当時は、監査法人側も IPO 監査時点はある種の営業活動のように考え、採算度外視で行い、上場企業となってからコストを回収しようという考えもありました。しかしながら、現在は、その時と全く状況が異なっており、人材不足ということもあって、それぞれの時点で適正な水準の報酬を貰わなければならないと判断しているケースが多いようです。

　なお、監査報酬については、第4節で解説いたします。

⑤　繁忙期の集中問題

　日本の上場企業の約6割近くが3月決算であり、12月決算は約1割近くになります。2024 年以降の制度改正により四半期決算の対応が変わる可能性がありますが、非上場企業や多くの非営利企業や団体も3月決算が多く、**繁忙期が集中**しています。

　監査法人側も人材を効率的に活用するためには、繁忙期（基本的に、3月末、6月末、9月末、12月末からそれぞれ2か月間位です）の平準化が必要ですが、なかなか上手く行っていないのが現状です。

⑥　海外展開

　日本は少子高齢化が進むことから、スタートアップ・ベンチャー企業の中には、スタートアップ時点から海外展開を検討している企業もあると思われます。一般に、海外展開する際には、提携先に自社のサービスや製品

を販売してもらうような場合を除き、現地子会社の設立が必要となることが多いでしょう。海外子会社の財政状態や業績は連結財務諸表として反映されることになりますが、**企業グループからみて海外子会社に重要性がある場合には、海外子会社自体の監査が必要になります。**

　通常、現地子会社の監査は現地の監査人（監査法人）によって行われることが多く、大手や中堅監査法人はそれぞれ独自の海外のネットワーク（監査法人のネットワーク）に加入しており、活用しています。大手や中堅監査法人がIPO監査を引き受けてくれれば問題ありませんが、**小規模の監査法人に監査を依頼する場合、海外子会社がネックでIPO監査を引き受けられないというケースがあります。**本格的に海外展開をしたい場合には、そのことにご留意ください。

⑦　監査法人問題の対応策

　上述のような問題（課題）に対する企業側の対策としては、以下のことが考えられます。

・IPOを目指そうと意思決定した場合は、**監査法人の選定の前に、上場企業の経理経験者や監査法人経験者を確保**（場合によっては、外部協力者として活用する）し、**自社の経理体制を高い水準にする**こと

・**公認会計士等の外部の専門家に自社の会計処理について、必要に応じて相談し助言を得る**こと。ビジネスモデルや事業を展開する際に、監査法人の監査がスムーズにいく（会計処理や監査に必要となるエビデンス等）対応も併せて検討しておくこと

・**監査報酬は上場のため（もしく上場維持）の費用と割り切り**、IPOもしくは上場を維持することによるメリットと比較をすること。仮に、メリットの方が低いと感じた場合には、IPOを断念するという選択肢も考慮すること

・**繁忙期以外を決算期に変更することも考える**こと。その際には予算統制のことも考慮（「第3章 第3節4.（2）経営活動を有効に行うための内部管理体制の整備及び運用」参照）すること

・海外展開をする場合は、監査法人を見つけるハードルが高くなる可能性があることも認識しておくこと

(3) そのほかの外部専門家

そのほかの外部専門家として IPO の実務の関与者としては、①弁護士、②社会保険労務士、③証券代行会社、④印刷会社です。

① 弁護士

IPO における弁護士は、主に、会社法や自社のビジネスに関連する法令等のリスクへの対応、社内規程類の整備、基本契約書や取引約款などの契約書の支援など多岐に渡ります。

② 社会保険労務士

社会保険労務士は、労務問題、特に残業関係の管理や労務関係の規程の整備、人事評価の整備などで支援を受けることになります。

③ 証券代行会社

証券代行会社は、株主名簿の管理を行うほか、株主総会運営の支援などが主になります。IPO の準備よりも上場直後の株主総会運営でかなり支援を受けることになると思います。

④ 印刷会社

印刷会社は、IPO の申請書類の支援や上場後の有価証券報告書の作成のためのシステムを提供する会社のことで、日本においては株式会社プロネクサスと宝印刷株式会社の2社で寡占化されています。

以前は株券が紙として印刷されていましたので、IPO の実務では両社のことを、いまだによく、"印刷会社さん"と呼びます。現在は、会社法の招集通知などのように紙面の書類の作成も支援していますが、IR 資料や有価証券報告書などのディスクロージャーの作成支援をするサービス会社と思った方がいいかもしれません。

第4節

お金（コスト）について

1. お金（コスト）について

　本節ではIPOに関連するお金（コスト）に関することを解説します。IPOというと、一攫千金というイメージもあるかもしれません。実際、IPOによって、巨万の富を得ている経営者の方もいます。IPOのお金の話では、やはり資本政策が重要なポイントとなります。

　他方、前節でみましたように、IPOには色々なヒトが関与しますので、コスト（費用）が掛かります。その辺についても見ていきたいと思います。

2. 資本政策について

(1) 資本政策とは

　スタートアップ・ベンチャー企業の経営者の中には、資本政策という言葉をお聞きになった方も多いと思われます。資本政策は、保有割合を最適化するため株式を発行したり集約したりする株式に関する計画です。資本政策は、企業の事業計画や資金繰りとも大きく関係します。

　まず、IPOにおける資本政策では、おおきく、①現状、②IPOまで、及び③IPO時のそれぞれについて、どのくらいの株式数を発行するのか、それによって調達できる資金、株主構成の割合はどの程度なのかをシミュレーションすることになります。

　なお、一般的に、**資本政策は基本的に不可逆**ですので、一度、実行してしまうと、元の状態に戻すことは容易ではありません。そのため、**資本政策は慎重に進める必要があります。**

（2）資本政策の手順

①　資本政策シミュレーションに必要な資料

　資本政策をシミュレーションする場合には、事前にいくつかの資料が必要になります。必要なものとしては、主に、**ａ．株主名簿、ｂ．中長期事業計画、ｃ．中長期事業計画に基づく資金繰り表、ｄ．同業他社の PER（株価収益率）の情報**などです。これらの情報をエクセルなどの表計算ソフトに入力して、シミュレーションを行います。

　注意事項として、b.中長期事業計画については、上場する期間までの物が必要になります。仮に現在が、ターゲットにした上場期から４年前の時点だとしたら、４事業年度分の事業計画が必要になります。もっとも、中長期的な事業計画ですので、単年度のような勘定科目単位で作りこむ必要はなく、各年度の最終的な損益が分かればそれでも構いません。

　また、c.中長期事業計画に基づく資金繰り表についても、単年度のものではなく、b. に該当する期間のものとなります。どの程度、詳細に検討するのかは企業の状況によっても異なりますが、通常は、各事業年度の損益及び減価償却費などの非資金費用の状況と設備投資の金額や借入金等の返済スケジュールからおおよそ必要となる資金を算定します。なお、売上債権の増減と給与や仕入債務等の増減を踏まえた運転資金の増減が大きく重要性がある場合には、運転資金の増減も考慮します。一般的に、事業が急速に拡大している時期は、給与や仕入債務等の支払いよりも売上債権の回収期間の方が長いことから、運転資金が不足する計画になることが多いはずです。特に、スタートアップ・ベンチャー企業の多くは、支払手形を利用しないため（支払手形は利用しない方が良いです）、なおさら、運転資金が不足していく傾向にあると思われます。

　d.同業他社の PER（株価収益率）の情報についてですが、自社の企業規模た

同業他社との違いが大きすぎるとか、そもそも類似する企業が無いというケースもあるかもしれません。確かに、未上場企業が増資を行う場合の企業価値算定は、いくつかの算出手段があり、類似会社（同業他社）のPER（株価収益率）を使うのはその手段の1つでしかありませんので、DCF法なども考えられるのですが、DCF法は計算が複雑であることと、あくまでもどのように株主構成や割合をするのかというシミュレーションであることを考慮し、簡便的な指標としてPER（株価収益率）を用います。なお、同業他社のPERが判別しないという場合には、**日本取引所グループのホームページに上場企業の「規模別・業種別PER・PBR（連結・単体）一覧」**が掲載されています。ここ数年間の各月末データがありますので、仮に、上場した場合には、自社がどの業種に該当するのかをイメージした上で参考にしてみるのが良いと思われます。業種や月によっては、かなり高いPERとなっているものもありますので、あくまでも参考レベルとしてください。

（参考：日本取引所グループ　マーケット情報　統計情報（株式関連）その他統計資料「規模別・業種別PER・PBR（連結・単体）一覧」 https://www.jpx.co.jp/markets/statistics-equities/misc/04.html）

②　資本政策の手順

　資本政策の手順は大きく以下の手順となります。以下の手順をシミュレーションする表計算ソフトに入力し、IPO時の株式の割合や時価総額、流通時価総額などを算出します。

　　a．現状の株主及び株主数及び株式所有割合を把握する
　　b．中長期事業計画の記入と資金繰りの検討をする
　　c．資金繰りに基づき増資を計画する
　　d．IPO時の増資を計画する
　　e．IPO時の持ち株比率を検討する
　　f．IPO前のストックオプションを検討する
　　g．IPO前の持ち株の譲渡を検討する

　上記の手順の説明と併せて参考事例を記載しましたので、資本政策作成時の参考にしてください。

a．現状の株主及び株主数及び株式所有割合を把握する

　　まず、現状の株主及び株主数及び株式所有割合を把握し記入します。ここで、すべての株主を細かく記載すると煩雑になるため、通常は資本政策を検討するうえで、増減する可能性がある主要な株主を中心に記載し、それ以外の株主はひとまとめにしておくと良いと思います。

　　ここでは、仮に主要株主は経営者 A 及びその親族、共同設立者の B 及びその親族とし、それぞれ、200,000 株、100,000 株とします。これ以外に株主はいないものとし、自社が発行している株式は 300,000 株とします。

〈最初の資本政策事例案〉

決算期	現在			N-2期			N-2期			N-1期			N期		
増資の時期															
増資方法				インセンティブ			第3者割当						株式公開		
割当先				役員従業員			VC						公募		
資金調達額(百万円)															
発行株式数(株)				14,000			14,000			0			0		
発行価額(円)													18,667		
株式構成	増減	発行済 潜在株 合計	比率	増減	発行済 潜在株 合計	比率	増減	発行済 潜在株 合計	比率	増減	発行済 潜在株 合計	比率	増減	発行済 潜在株 合計	比率
役員A氏		200,000 0 200,000	66.7%	0	200,000 0 200,000	66.7%	0	200,000 0 200,000	66.7%	0	200,000 0 200,000	66.7%	0	200,000 0 200,000	66.7%
役員B氏		100,000 0 100,000	33.3%	0	100,000 0 100,000	33.3%	0	100,000 0 100,000	33.3%	0	100,000 0 100,000	33.3%	0	100,000 0 100,000	33.3%
従業員		0 0 0	0.0%		0 0 0	0.0%		0 0 0	0.0%		0 0 0	0.0%		0 0 0	0.0%
会社関係者計		300,000 0 300,000	100.0%	0	300,000 0 300,000	100.0%	0	300,000 0 300,000	100.0%	0	300,000 0 300,000	100.0%	0	300,000 0 300,000	100.0%
VC		0	0.0%		0	0.0%		0	0.0%		0	0.0%		0	0.0%
一般投資家		0	0.0%		0	0.0%		0	0.0%		0	0.0%		0	0.0%
発行済株式総数		300,000		0	300,000		0	300,000		0	300,000		0	300,000	
潜在株式を含む総数		300,000	100.0%	0	300,000	100.0%	0	300,000	100.0%	0	300,000	100.0%	0	300,000	100.0%
時価総額(百万円)					4,200			4,200			4,900			5,600	
売上高(百万円)					2,000			2,000			3,000			3,500	
当期純利益(百万円)					300			300			350			400	
1株当たり利益(円)					1,000			1,000			1,167			1,333	
ディスカウント					30%			30%			30%			30.0%	
類似企業PER					20.0			20.0			20.0			20.0	

b．中長期事業計画の記入と資金繰りの検討をする

　　次に、中長期事業計画の記入と資金繰りの検討をします。先ほども述べましたが、事業の拡大期には運転資金が不足する傾向にあります。また、機械設備やシステム導入のために設備投資資金が必要になることでしょう。

　資金不足が生じる場合には、当然、どのように資金を調達するのかその方法を検討します。資金調達は大きく、増資をする方法と金融機関等から借入を行う方法があります。資本政策は資本について検討するところですので、増資だけに注目すれば良いと思われるかもしれませんが、企業経営における資金繰りは、借入とのバランスも重要です。

　特に、赤字が続き一時的に債務超過になってしまうケースや借入比率が高すぎる場合には金融機関から借入金を調達することが実際にはできません。その場合、増資という手段により資金を調達することになります。

　仮に、資金繰りを検討した結果、N − 2 期に 1 億円の資金が増資によって必要であるとします。

c．資金繰りに基づき増資を計画する

　増資を選択すれば、当然、資金の増加とともに株式数及び株式割合が変化します。株式数が増加すれば、1 株当たり PER も変化します。なお、増資を検討する場合、同業他社の PER（もしくは、前述の東京証券取引所から公表されている規模別・業種別 PER）を利用する場合、安全性を考慮して一定の割引率（ディスカウント）を用いることが良いと思われます。実際、実務で企業価値を算出する場合もディスカウントを行います。これを「非上場ディスカウント」といいます。

　「非上場ディスカウント」は、上場企業の株式と比較して流動性が低く、換金するためには追加的なコストが発生するであろうことを考慮したものです。「非上場ディスカウント」については、自社の状況や株式市場の動向などによっても変わるのですが、実務的には 20 〜 30％程度のディスカウントが一般的です。

　例えば、類似会社の PER が 20 倍、増資前の自社の 1 株当たり当期純利益額 1,000 円、発行済み株式総数が 300,000 株、ディスカウント 30％だとしますと、

1株当たりの企業価値＝1株当たり当期純利益額×類似企業 PER ×（1
－ディスカウント）

1,000 円× 20 ×（1 － 0.3）＝ 14,000 円

となります。

　ここで、仮に VC から1億円を調達したいと考えますと、必要な株式数
は、

増資株式数＝必要調達額÷1株当たりの企業価値
　　　　　＝ 100,000,000 円÷ 14,000 円＝ 7,142.9 株

となります。

　資本政策時には通常数字を丸めて考えますので、7,150 株の株式発行が
必要になります。

　なお、余談ですが、株式数が増加する分だけ、1株当たり利益が減少
（希薄化）することから、増資時点で増加を加味して計算した方が理論的
なように思われますが、あくまでも目安となるシミュレーションが目的で
あり資本政策の表計算を複雑にする必要もあまりありません。希薄化分が
割引率にも反映していると考える、もしくは PER の設定をやや低めにす
ることなどの代用で良いと思われます。もちろん、増資後の1株当たり当
期純利益が望ましいと思われる方はそのように表計算を組んで頂ければと
思います。

　また、このあとに出てくるストックオプションによる希薄化について
も、ここでは考慮しないこととして進めていきます（無論、VC 等に増資を
依頼する時には、ストックオプションのことについて話をしてください）。

〈VC 増資後の資本政策案〉

決算期	現在			N-2期			N-2期			N-1期			N期		
増資の時期															
増資方法				インセンティブ			第3者割当						株式公開		
割当先				役員従業員			VC						公募		
資金調達額(百万円)							100								
発行株式数(株)							7,142.9						0		
発行価額(円)				14,000			14,000						18,232		
株式構成	増減	発行済/潜在株 合計	比率	増減	発行済/潜在株 合計	比率	増減	発行済/潜在株 合計	比率	増減	発行済/潜在株 合計	比率	増減	発行済/潜在株 合計	比率
役員A氏		200,000 / 0			200,000 / 0			200,000 / 0			200,000 / 0			200,000 / 0	
		200,000	66.7%	0	200,000	66.7%	0	200,000	65.1%	0	200,000	65.1%	0	200,000	65.1%
役員B氏		100,000 / 0			100,000 / 0			100,000 / 0			100,000 / 0			100,000 / 0	
		100,000	33.3%	0	100,000	33.3%	0	100,000	32.6%	0	100,000	32.6%	0	100,000	32.6%
従業員		0 / 0			0 / 0			0 / 0			0 / 0			0 / 0	
		0	0.0%	0	0	0.0%	0	0	0.0%	0	0	0.0%	0	0	0.0%
会社関係者計		300,000 / 0			300,000 / 0			300,000 / 0			300,000 / 0			300,000 / 0	
		300,000	100.0%	0	300,000	100.0%	0	300,000	97.7%	0	300,000	97.7%	0	300,000	97.7%
VC		0	0.0%		0	0.0%	7,150	7,150	2.3%		7,150	2.3%		7,150	2.3%
一般投資家		0	0.0%		0	0.0%		0	0.0%						
発行済株式総数	300,000			0	300,000		7,150	307,150		0	307,150		0	307,150	
潜在株式含む総数	300,000		100.0%	0	300,000	100.0%	7,150	307,150	100.0%	0	307,150	100.0%	0	307,150	100.0%
時価総額(百万円)					4,200			4,300			4,900			5,600	
売上高(百万円)					2,000			2,000			3,000			3,500	
当期純利益(百万円)					300			300			350			400	
1株当たり利益(円)					1,000			1,000			1,140			1,302	
ディスカウント					30%			30%			30%			30.0%	
類似企業PER					20.0			20.0			20.0			20.0	

d．IPO 時の増資を計画する

　次に、IPO 時の増資による資金調達を考えてみましょう。

　IPO 時点における株式の売買については、大きく公募増資と売出しがあります。公募増資は、取引市場において企業が新たに株式を発行し資金調達を行う方法です。一方、売出しは、既存株主が自己の保有する株式を売却することを意味します。いずれも株式が取引市場に放出され投資家が当該株式を購入するという点では同じですが、公募増資は投資家から資金が企業に流入するのに対して、売出しは投資家から資金が既存株主に渡るだけという点が違います。

　上場ベンチャー企業の多くは、IPO 時の公募増資によって資金調達を行っています。その後も業績等が堅調であったり、市場をプライム市場等へ変更したりする場合には公募増資によるセカンドファイナンスも可能ですが、IPO 時の公募増資以上に不確定要素が高くなることから、**企業を成長させる資金が必要であれば IPO 時に調達することが重要**であるということを頭に入れておいてください。

　なお、自社ビジネスモデルによっては資金調達が不要で売出しのみとい

うケースもあり得るかもしれませんが、多くの企業が、IPO 時に募集と売出しを行っていること、また、売出しのみですと、上場する意義は経営陣のキャピタルゲイン目的では？と評価される可能性もあり得ます。市場から調達した資金を企業発展のために有効に使っていくというのも上場の重要な意義の1つですので、その辺も検討したうえで多少は資金調達することを検討してください。

　ここでは、仮に IPO 時に公募増資として、2億円を調達することとします。この時点の1株当たり当期純利益1,302円（VCの増資分を考慮）、類似企業の PER は20倍、また、ディスカウント30％とします。なお、ストックオプションによる希薄化は考慮しないものとします。

1株当たりの企業価値

＝ 1,302 円× 20 ×（1 − 0.3）＝ 18,228 円

増資株式数

＝ 200,000,000 円÷ 18,228 円＝ 10,972 株

よって、10,970 株を発行するものとします。

〈IPO 増資時の資本政策案〉

決算期	現在			N−2期			N−2期			N−1期			N期		
増資の時期															
増資方法				インセンティブ			第3者割当						株式公開		
割当先				役員従業員			VC						公募		
資金調達額(百万円)							100						200		
発行株式数(株)							7,142.9						10,970		
発行価額(円)				14,000			14,000						18,232		
株式構成	増減	発行済潜在株		増減	発行済潜在株		増減	発行済潜在株		増減	発行済潜在株		増減	発行済潜在株	
		合計	比率		合計	比率		合計	比率		合計	比率		合計	比率
役員A氏		200,000			200,000			200,000			200,000			200,000	
		0			0			0			0			0	
		200,000	66.7%	0	200,000	66.7%	0	200,000	65.1%	0	200,000	65.1%	0	200,000	62.9%
役員B氏		100,000			100,000			100,000			100,000			100,000	
		0			0			0			0			0	
		100,000	33.3%	0	100,000	33.3%	0	100,000	32.6%	0	100,000	32.6%	0	100,000	31.4%
従業員		0			0			0			0			0	
		0			0			0			0			0	
		0	0.0%	0	0	0.0%	0	0	0.0%	0	0	0.0%	0	0	0.0%
会社関係者計		300,000			300,000			300,000			300,000			300,000	
		0		0	0		0	0		0	0		0	0	
		300,000	100.0%	0	300,000	100.0%	0	300,000	97.7%	0	300,000	97.7%	0	300,000	94.3%
VC		0	0.0%		0	0.0%	7,150	7,150	2.3%		7,150	2.3%		7,150	2.2%
一般投資家		0	0.0%		0	0.0%		0	0.0%		0	0.0%	10,970	10,970	3.4%
発行済株式総数		300,000			300,000		7,150	307,150			307,150		10,970	318,120	
潜在株式を含む総数		300,000	100.0%	0	300,000	100.0%	7,150	307,150	100.0%		307,150	100.0%	10,970	318,120	100.0%

時価総額(百万円)				4,200			4,300			4,900			5,8		
売上高(百万円)				2,000			2,000			3,000			3,5		
当期純利益(百万円)				300			300			350			4		
1株当たり利益(円)				1,000			1,000			1,140			1,3		
ディスカウント				30%			30%			30%			30		
類似企業PER				20.0			20.0			20.0			20		

ｅ．IPO 時の持ち株比率を検討する

　IPO 時の公募増資及び売出しによりそれぞれに流入する金額や上場後の株式所有割合が一旦、算出されました。ここで、IPO 時における理想とする持ち株比率を検討します。

　資本政策で最も注目すべきポイントの１つが、経営者及び一族の持株比率です。持株比率が低いと、外部株主からの影響力を強く受けるため、増資時に発行する株式数を見直すなどして調整する必要があります。持株比率やその他の数字を調整するときには、資金調達相手や第三者の意見を取り入れるのも１つです。理想は、安定株主で株式所有割合の２／３を確保できることが望まれます。

　安定株主は企業の経営者の経営方針に賛同してくれる大株主のことを指し、企業経営の安定をもたらします。安定株主をどのように定義するかは状況によって異なると思われますが、狭く捉えるのであれば、経営者及び経営陣とその親族で２／３以上の株主割合を持つことが望まれます。また、仮に２／３以上が難しい場合でも IPO 時点では出できる限り過半数以上は確保しておきたいところです。

　ここで理想の持ち株比率からかなりかけ離れている場合は、持ち株比率を高めるために、資本政策の様々なプランを実行する前に、他の既存株主からの株式を買い取ることを検討しましょう。できるだけ企業価値である株価が安いうち（早いうち）、に実行することが大事ですので、株主と交渉して早めに株を集めておくことが望まれます。

　株主から買い取れない場合、第三者割当増資を経営陣に対して行うという方法もありますが、新株を発行した分だけ希薄化効果が生じますので、株式を買い取る方法の方が持ち株割合を有利に増加させることができます。

　ここでは、IPO 時に、Ａ氏が５万株、Ｂ氏が２万株を売却し、VC はすべて売却するものとします。

〈IPO比率検討時の資本政策案〉

決算期	現在			N-2期			N-2期			N-1期			N期		
増資の時期															
増資方法				インセンティブ			第3者割当						株式公開		
割当先				役員従業員			VC						公募		
資金調達額(百万円)							100						200		
発行株式数(株)							7,142.9						10,970		
発行価額(円)				14,000			14,000						18,232		
株式構成	増減	発行済／潜在株／合計	比率	増減	発行済／潜在株／合計	比率	増減	発行済／潜在株／合計	比率	増減	発行済／潜在株／合計	比率	増減	発行済／潜在株／合計	比率
役員A氏		200,000／0／200,000	66.7%	0	200,000／0／200,000	66.7%	0	200,000／0／200,000	65.1%	0	200,000／0／200,000	65.1%	-50,000	150,000／0／150,000	47.2%
役員B氏		100,000／0／100,000	33.3%	0	100,000／0／100,000	33.3%	0	100,000／0／100,000	32.6%	0	100,000／0／100,000	32.6%	-20,000	80,000／0／80,000	25.1%
従業員		0／0／0	0.0%	0	0／0／0	0.0%	0	0／0／0	0.0%	0	0／0／0	0.0%	0	0／0／0	0.0%
会社関係者計		300,000／0／300,000	100.0%	0	300,000／0／300,000	100.0%	0	300,000／0／300,000	97.7%	0	300,000／0／300,000	97.7%	-70,000	230,000／0／230,000	72.3%
VC		0	0.0%	0	0	0.0%	7,150	7,150	2.3%	0	7,150	2.3%	-7,150	0	0.0%
一般投資家		0	0.0%	0	0	0.0%		0	0.0%		0	0.0%	88,120	88,120	27.7%
発行済株式総数		300,000		0	300,000		7,150	307,150			307,150		10,970	318,120	
潜在株式を含む総数		300,000	100.0%	0	300,000	100.0%	7,150	307,150	100.0%		307,150	100.0%	10,970	318,120	100.0%
時価総額(百万円)					4,200			4,300			4,900			5,800	
売上高(百万円)					2,000			2,000			3,000			3,500	
当期純利益(百万円)					300			300			350			400	
1株当たり利益(円)					1,000			1,000			1,140			1,302	
ディスカウント					30%			30%			30%			30.0%	
類似企業PER					20.0			20.0			20.0			20.0	

　f．IPO前のストックオプションを検討する及びg．IPO前の持ち株の譲渡を検討する

　　e．で算出された株式割合を基に、IPO前のストックオプションの発行や持ち株の譲渡を検討し、株式の割合を調整します。両者の違いは以下のとおりです。

〈IPO前のストックオプションの発行と持ち株の譲渡の比較〉

	ストックオプション	持ち株の譲渡
発行済み株式数	ストックオプション付与時は変化ないが、行使時に発行済み株式数が増加する	変化なし
資金	付与時には不要なケースもある行使には必要	譲渡時に必要になる
持株割合	大きく動かせない	大きく動かすことも可能

　　IPO前に、経営者が所有する株式を経営幹部陣に大きく移して、経営幹部陣のモチベーションを高めるような場合には、持ち株の譲渡が使われる

ケースがあります。また、資産管理会社を作る場合も、持ち株の譲渡で行われることになります。

　余談ですが、ここで資産管理会社について、少し触れておきます。直近の上場では、多くの企業で資産管理会社が利用されているのを確認できます。確認は、有価証券報告書の「4. コーポレートガバナンスの状況等（2）役員の状況」のところで、自社及びその企業グループ以外の会社の代表を行っていること（多くのケースで、欄外の注書で資産管理会社であることが明記されています）、また、「1. 株式等の状況（6）大株主の状況」で当該会社名があることで確認できます。IPO 時に、原則、自社及び自社連結グループ以外の会社の役員は資産管理会社を除き、退任することを求められること多いです。そのため、基本的に、自社グループ会社以外の代表として残っているのは資産管理会社となります。

　なお、資産管理会社のメリットとしては、相続税の対策目的が大きいと思われます。これは、資産管理会社も含む会社の税率が約 37％であるのに対して、相続税は最大 55％と高い税率をクリアーできるからです。

　また、ストックオプションにしても持ち株の譲渡にしても、できるだけ早い時期に実行する方が移転又は付与時の企業価値は安くなりますので、実行するのであればできるだけ早い方が割安で行うことが可能です。特に、第三者への株式譲渡や株式を発行した場合には、税務上、その時の株価が税務上の株価とされる可能性もあります。例えば、第三者に 1 株 30 万円で発行したあとに、1 株 10 万円で資産管理会社に株式を譲渡したり、ストックオプションを発行したりするのは税務的なリスクを伴います。

　ストックオプションが行使されますと、発行済み株式総数が増加し、いわゆる希薄化が生じます。むやみやたらとストックオプションが発行されますと、投資家にとって好ましくない効果をもたらすことがあります。そのため、IPO 時におけるストックオプションによる希薄化は、およそ 10 〜 15％程度までと言われています。

　ここで N − 2 期に、ストックオプションを役職員に発行することを想

定してみましょう。

　ここでは、経営者Aに10,000株分、Bに5,000株分、経営幹部社員複数名に5,000株分を発行することとし、この時点の1株当たり当期純利益はVC増資時と同じ1,000円、類似企業のPERは20倍、また、ディスカウントは30%とします。

〈ストックオプションを考慮した資本政策案〉

決算期	現在			N-2期			N-2期			N-1期			N期		
増資の時期															
増資方法				インセンティブ			第3者割当						株式公開		
割当先				役員従業員			VC						公募		
資金調達額(百万円)							100						200		
発行株式数(株)							7,142.9						10,970		
発行価額(円)				13,125			14,000						18,232		
株式構成	増減	発行済潜在株 合計	比率	増減	発行済潜在株 合計	比率	増減	発行済潜在株 合計	比率	増減	発行済潜在株 合計	比率	増減	発行済潜在株 合計	比率
役員A氏	200,000				200,000			200,000			200,000		-50,000	150,000	
	0			10,000	10,000			10,000			10,000			10,000	
	200,000	200,000	66.7%	10,000	210,000	65.6%	0	210,000	64.2%	0	210,000	64.2%	-50,000	160,000	47.3%
役員B氏	100,000				100,000			100,000			100,000		-20,000	80,000	
	0			5,000	5,000			5,000			5,000			5,000	
	100,000	100,000	33.3%	5,000	105,000	32.8%	0	105,000	32.1%	0	105,000	32.1%	-20,000	85,000	25.1%
従業員	0				0			0			0			0	
	0			5,000	5,000			5,000			5,000			5,000	
	0	0	0.0%	5,000	5,000	1.6%	0	5,000	1.5%	0	5,000	1.5%	0	5,000	1.5%
会社関係者計	300,000			0	300,000		0	300,000		0	300,000		-70,000	230,000	
	0			20,000	20,000	6.7%	0	20,000		0	20,000	6.5%	0	20,000	
	300,000	300,000	100.0%	20,000	320,000	100.0%	0	320,000	97.8%	0	320,000	97.8%	-70,000	250,000	73.9%
VC	0		0.0%	0		0.0%	7,150	7,150	2.3%	0	7,150	2.3%	-7,150	0	0.0%
一般投資家	0		0.0%			0.0%							88,120	88,120	26.1%
発行済株式総数	300,000			0	300,000		7,150	307,150		0	307,150		10,970	318,120	
潜在株式を含む総数	300,000		100.0%	20,000	320,000	100.0%	7,150	327,150	100.0%	0	327,150	100.0%	10,970	338,120	100.0%
時価総額(百万円)					4,200			4,580			5,219			6,165	
売上高(百万円)					2,000			2,000			3,000			3,500	
当期純利益(百万円)					300			300			350			400	
1株当たり利益(円)					938			1,000			1,140			1,302	
ディスカウント					30%			30%			30%			30.0%	
類似企業PER					20.0			20.0			20.0			20.0	

　以上で、資本政策のシミュレーションができました。ここで、入力した表の内容やバランスなどを確認し、再度調整を行っていきます。また、今後、事業計画が変更されれば、資本政策も影響されますので、適宜リバイスするようにしましょう。

(3) 資本政策の問題事例

　ここでは、資本政策において、上手く行かなかったケースをいくつか紹介しておきましょう。先述(1)でもお伝えしましたように、資本政策は基本的に不可逆ですので、事例を通してどのようなことに気を付ける必要があるのかを把握しておくことは有用と思われます。

① 安定株主化の問題

【事例1】

> A社は、B氏及びC氏の2人がそれぞれ6割、4割ずつ出資し、共同で設立された会社だった。B氏が社長を務め、C氏が副社長を務めていた。A社の業績は順調に成長し、IPOの準備を進めていたが、途中で両氏の間で見解が対立してしまい、C氏がA社を去ることになった。しかし、両氏の間で株主間契約を結んでいなかったため、B氏はC氏の所有する株式を買い取ることができなかった。また、その後もIPO準備のための定款変更等においても、支障をきたしてしまった。

〈解説〉

複数人で創業することは楽しく、また、お互いを頼りにできることから、サークルのような感覚でスタートアップ・ベンチャー企業を設立するケースもあるのではないでしょうか。創業時は仲良くやっていたものの、その後、お互いの意見が対立し、どちらかが去ってしまうというケースも珍しくありません。本事例の問題点としては、そのようなケースを想定して、**創業者兼出資者間で「株主間共同契約」を結んでいなかった**ことが原因の1つとなっています。

株主総会での決議は過半数以上のものの他、定款の変更のように、出席株主の3分の2以上の議決権が必要となる特別決議などがあります。IPOの実務においては、定款を変更しなければならないケースがあります。そのため、本事例のようなケースではIPOを進めていく上で支障を来たす要因にもなります。

また、仮にIPOを達成できたとしても、C氏の動向によって企業経営が不安定になる可能性があります。そのため、予め創業者同士で株主間共同契約を締結しておくことは、後々のトラブルを防止することにもなります。

② ストックオプションの発行の問題

【事例2】

> D社の経営者E氏は、将来IPOすることを考え、自社の役職員に発行済み株式数の15%分のストックオプションを発行した。その後もE氏は、優秀な人材を確保すべく採用活動を行い、優秀な人物を見つけることができた。E氏は、入社の条件としてストックオプションを発行付与する提案をした。しかしながら、主幹事証券会社から、新たなストックオプション発行について待ったがかかり、優秀な人材を確保することが難しくなってしまった。

〈解説〉

　ストックオプションはその発行により、**「株式の希薄化」**が生じます。将来、ストックオプションが行使されることにより発行済み株式総数が増加することによって、1株当たりの株式価値が下がります。

　例えば、発行済み株式総数が1,000株で当期純利益が1億円、純資産が5億円の企業においてストックオプションを発行し、その後、1株50,000円で権利行使されて100株が新たに発行されますと、1株当たり当期純利益は1億円÷1,000株＝100,000円から1億円÷（1,000＋100）株＝90,909円へ、1株当た

	ストックオプション行使前	ストックオプション行使後
当期純利益（円）	100,000,000	100,000,000
発行済み株式数（株）	1,000	1,100
1株当たり当期純利益(円)	100,000	90,909
純資産（円）	500,000,000	500,000,000 ＋ 50,000 × 100（注）
1株当たり純資産（円）	500,000	459,090

（注）ストックオプション行使により、権利行使価格×権利行使数の金額が企業に払い込まれるため、純資産が増加します。

り純資産は5億円÷1,000株＝500,000円から（5億円＋5万円×100株）÷（1,000＋100）株＝459,090円にそれぞれ株式の価値が下落します。

　ストックオプションによる希薄化が大きいと、一般投資家は安心して当該企業に対して株式投資を行うことができません。そのため、無制限にストックオプションを発行するということについては問題があります。ただ、どの程度まで希薄化が可能かということについて、東京証券取引所などの取引所においては、ストックオプションの発行制限に関する明確な数字基準のようなルールはありません。なお、**実務においては、10%から15%程度までというのが目安**といわれています。

　一旦、ストックオプションを発行してしまうと、その後の変更が困難であるケースも多いことから、ストックオプションの発行については十分な資本政策を検討したうえで、実行することが必要になります。

③　税制適格・非適格ストックオプション

【事例3】

　F社は、そのサービスの良さから急激に業績を伸ばしていた。F社は、インセンティブ向上の観点から、役職員向けのストックオプションを複数回に分けて付与することを検討した。最初の付与時に、外部専門家の評価に基づき決定した1株当たりの権利行使価額は1,000円であった。その後、外部の取引先から関係強化のために出資を受けることが決まり、1株当たり1,500円で出資を受けた。取引先からの増資後、直ぐに残りのストックオプションを付与しようとした際に、顧問税理士から従来のストックオプションの条件では、「税制適格ストックオプション」として税務的なメリットを受けることができないと説明されてしまった。

〈解説〉

　ストックオプションを発行する際には、「税制適格ストックオプション」と「税制非適格ストックオプション」という2つのどちらかから選択することに

なります。「税制適格ストックオプション」とするためには、「税制適格要件」を満たす必要があります。なお、「税制適格ストックオプション」と「税制非適格ストックオプション」のどちらにもメリット・デメリットがあります。両者について、説明をするとかなり長くなりますので、本書での説明は割愛しますが、インターネット等で簡単に検索することができますので、是非ご確認ください。

　本事例では、当初、税制適格を満たすように設計していたにもかかわらず、第三者割当増資を挟んでしまったことにより、株式の時価が上昇してしまい税制適格要件を満たさなくなってしまったこということです。複数回に分けてストックオプションを付与しなくても良いのでは思われるかもしれませんが、IPOの実務では、ストックオプションを複数回に分けて付与したいというケースが生じることもあります。

　実は、**税制適格要件の１つとして、「自社の役員または使用人（従業員）」であること**という要件があるのです。ヘッドハンティング等で優秀な人材を採用する際、ストックオプションを付与する時点でその人材が入社できていれば良いのですが、前職等の都合により内定は決まっているものの入社が半年後など後日になるというケースはあると思われます。上級管理職になればなるほど、高いインセンティブを提供できることが必要になることもあります。

　本事例では適格要件を満たそうとすると、ストックオプションの権利行使価格を直近の増資時の単価に引き上げるということが必要になりますが、それですと、付与者のキャピタルゲイン（権利行使価格と売却時の株価の差額）が減少してしまい、十分なインセンティブが付与できなくなる恐れがあります。このようなケースにおいては、可能であれば増資前にストックオプションが付与できるようにスケジューリングをするか、当該付与者の付与数を引き上げる、もしくは税制非適格として発行するなどの対応が必要になります。

④　企業価値算定

【事例4】

> 　G社はIPOに向けて、役職員のインセンティブを高めるため、ストックオプションの発行を検討し、外部専門家に評価を依頼した。外部専門家は行使価格算定の際に、G社の財政状況などを加味した上で、事業計画を重視し企業価値の算定を行った。事業計画は希望的成長をかなり織り込んだものであり、企業価値が高めの価格で算定された。G社はその後IPOを達成することができたが、ストックオプションの権利行使価格と株価とのスプレッド（価格差）があまり大きくなく、インセンティブとしては十分な機能を果たすことが出来なかった。

〈解説〉

　ストックオプションの発行に際しては、発行時点の企業価値を把握することが必要になります。上場企業であれば企業価値は株価を把握することによって可能であり容易ですが、非上場企業では市場での株価がありません。そこで、企業の業績や純資産、事業計画などを基に企業価値を算定することが必要になります。企業価値の算定には大きく、①インカムアプローチ、②コストアプローチ、③マーケットアプローチの3つ手法（アプローチ）があります。

　まず、①インカムアプローチは、今後、企業に流入するであろうキャッシュ（現預金）に着目する方法で、DCF（ディスカウントキャッシュフロー）法が一般的です。次に、②コストアプローチは企業の純資産に着目する手法であり、通常は、修正純資産法という企業の資産・負債の一部を時価評価することにより修正純資産を算出し、当該修正純資産を企業価値とする方法です。最後に、③マーケットアプローチとしては、同業他社と自社のPERやPBR（PERやPBRについては、第5章第4節で解説いたします）等を参考にして企業価値を算出する類似会社比準法が実務では良く用いられております。**実務上、非上場企業の企業価値は、上記3つの手法から、選択または併用することにより算定されています。**

　スタートアップ・ベンチャー企業の企業価値においては、①インカムアプローチによるDCF法が採用されている（もしくは比重が置かれる）ケースも多いように思われます。特に、スタートアップ間もない企業の場合、開業関連の費用がかかるため、修正純資産がほぼゼロもしくはマイナスと算出されるケースも多く、修正純資産法が採用できなかったり、同業他社が存在しない、もしくは存在したとしても企業規模等があまりに違い過ぎて比較対象とならなかったりという要因で類似会社比準法が利用できないケースがあるからです。そこで、中長期の事業計画を基に、将来のキャッシュフローを算出し、これに一定の割引率（ディスカウント）を乗じたDCF法が採用されます。

　DCF法による算出では、一般的に3年から5年程度の中期事業計画を基に将来のキャッシュフローを算出します。また、最終年度のキャシュフローが永続することを前提にして、事業計画年度以降の企業価値を算出します。**DCF法による企業価値の算定に利用する事業計画の最終年度が突出して高い利益（キャシュフロー）水準の場合、DCF法に基づいて算出される企業価値は高めに算出される傾向にあります。**無論、この事業計画どおりに業績が推移し続ければ良いのですが、最終年度の計画値が高すぎて、事業計画が未達で終わるケースも多く見受けられます。もちろん、事業計画はストックオプションの発行目的だけではなく、VC等の投資家からの出資や金融機関からの借入など様々な目的に利用されるものであり、その目的ごとに事業計画を替えることは望ましいことでありません。そのため、事業計画を高めに設定することは、実際にあり得ることだと思われます。ただ、5年後の状況など、プライム市場に上場している有名企業でさえも正確な予測はできないものであり、楽観的なシナリオ通りに行かないことも多いように思われます。

　IPO時の中期事業計画の策定の際には、様々な利用目的なども考慮し、あまり背伸びをし過ぎないように作成することが望まれます。

(4) コスト（費用）について

　前節のヒトの部分で、IPOに関与する様々なヒトが出てきました。実際に

それらのヒトに関与してもらえば、それなりのコストが発生します。ここでは、IPO までに必要となるそれらのコスト（費用）についても簡単に触れておきましょう。

① 企業内部

a．社外役員

前節で見ましたように、上場企業においては社外役員の登用が求められています。現状、社外役員を全く登用していないと監査役会設置会社の場合、最低限 3 名は必要になります。

グロース市場の社外役員の平均報酬の調査をネットで検索してみましたが見つかりませんでした。IPO を達成した企業の開示書類をみると、平均して 1 名につき年間 300 万円前後の報酬がかかるものと推測されます。なお、余談ですが、株式会社日本総合研究所による TOPIX500 社採用銘柄企業の 2022 年度の社外役員の年間 1 人当たりの平均総報酬は中央値で 10.8 百万円とのことです。

（参考　日本総研株式会社 HP：https://www.jri.co.jp/page.jsp?id=105113）

b．管理部門

前節で見たように、IPO において経理・財務体制の強化が必要となります。非上場企業で既に経理・財務部にある程度人材が確保されている企業においても、上場企業の会計や開示をできる人材がいるケースは極めて稀だと思われます。そのため、IPO の準備で上場企業の会計や開示に対応できる人材の確保が必要になります。

また、仮に、経理・財務部が現状 1 名体制の場合、上述の上場企業の会計や開示に対応できる人材の確保と併せて少なくとも 2～3 名以上の増員が必要になります。さらに、経理・財務以外にも、総務や人事、経営企画、IR の業務が増えるため、IPO の準備の過程で 1 名以上を採用しているケースが多いと思われます。

　仮に、経理・財務で2名、人事総務で1名を採用した場合、年間1人当たり600万円として、IPO までに約5千万円の費用が発生します。

c．内部監査

　内部監査については、社長直属の部署として内部監査部門を設置する必要があるかどうかによって異なります、別途設置する場合には、専門要員として最低1名が必要になります。内部監査は、直前期（N‐1期）から必要となるケースが多いと思われます。仮に、年間1人当たり600万円として、IPO までに約1,200万円（2年分）の費用が発生します。

② 企業外部

a．主幹事証券会社

　主幹事証券会社とは、通常、IPO 時までコンサルティングを受けます。主幹事証券会社によってコンサルティングの内容や報酬はまちまちのようですが、最低でも年間400～500万円程度は必要になるといわれています。また、IPO 達成時には、成功報酬が必要となる証券会社もあります。成功報酬は500万円から数千万円程度と言われています。

b．監査法人

　監査法人は、IPO のためのショートレビュー契約、及び IPO のための監査契約（2期間分）が必要になります。前者のショートレビューは200～300万円位、監査報酬は、企業規模にもよりもますが、直前々期（N‐2期）、直前期（N‐1期）の2期間分合計で最低2,500万円程度、申請期（N期）で2,000万円程度が必要になります。また、IPO 時においてはコンフォートレター業務というものが主幹事証券会社から監査法人に依頼されます。当該業務に係る費用は、IPO をしようとする企業側が負担することになりますが、おおよそ200万円程度となっています。

　なお、監査報酬は、人材不足や監査の厳格化に伴う業務量の増加により年々高くなっている傾向であり、今後もこの傾向は続いていくものと見込まれます。

c．取引所

　IPO をしようする際には、取引所への申請費用（審査費用）は 200 万円、上場時に新規上場費用 100 万円及び公募又は売出しの費用が発生します。また、上場維持ため毎年必要な費用は時価総額によって異なることとなっていますが、グロース市場では最低約 50 万円の年間維持費用が発生します。

（参考：東京証券取引所　上場料金　https://www.jpx.co.jp/equities/listing/fees/02.html）

d．その他

　前節で紹介しました外部専門家として弁護士や社会保険労務士、証券代行、印刷会社に対する報酬が発生します。

　顧問弁護士や社会保険労務士については、既存で契約をしていれば業務の増加に応じた上乗せ分だけとなると思われます。また、印刷会社の費用もそれぞれ提供して貰うサービスによって異なりますが、500 万円程度がかかるようです。

　その他、IPO のコンサルタントを利用することも実務においては多くあります。その場合は、別途追加のフィーが発生いたします。

③　まとめ

　IPO の準備する費用をまとめると、最低約 2 億円程度の費用が必要になります。ここには、IPO に必要となる新規システム導入関連費用、また、IPO コンサルや内部統制（J-SOX）の支援費用は含まれていませんので、これらについては別途、資金や費用が必要になります。

〈IPOまで（3年間と仮定）の費用（コスト）の試算〉

（単位：万円）

項目	金額	備考（仮定）
社外役員(常勤も含む)	3,600	社外役員報酬300万円（うち、常勤1名は600万円と仮定）/人×3名×3年間分
管理部門増員	5,400	人件費600万円/人×3名×3年間分
内部監査	1,200	人件費600万円/人×1名×2年間分（N-1期からと仮定）
主幹事証券会社	2,440	月額コンサル40万円(3年分)、成功報酬を1,000万円
監査法人	5,800	IPOのためのショートレビュ300万円、N-2期の監査1,500万円、N-1期の監査1,800万円、N期の監査2,000万円、コンフォートレター200万円
取引所	300	グロース市場への上場
印刷会社	500	
合計	19,240	

＊弁護士、社会保険労務士やIPO及びJ-SOX対応のコンサル、システム関連費用は含まれておらず、別途考慮する必要があります。

　なお、余談ですが、金額の増減はあるものの主幹事証券会社への報酬以外の費用（コスト）は、上場している以上、毎期発生します。

第5節

IPO を達成するために必要となる期間

1. IPO するために必要な期間

　IPO を目指す意思決定をしてから、実際に IPO を達成するのにどの程度の時間がかかるのかを見ておきましょう。

　取引所から IPO の承認が降りるためには、2 期間分の財務諸表に対する監査証明が必要になります。また、一般的に IPO のための監査が始まる前に、IPO のためのショートレビューを受けるケースが多いと思われます。このショートレビューでの指摘事項や問題点で早期に改善しなければならない事項については、直前々期（N − 2 期）に入る前に解決することが望まれます。

　直前々期（N − 2 期）では、主に社内の規程や仕組みである内部統制の構築（整備）や会計処理の精緻化を行っていきます。併せて事業計画や予算を作成し、PDCA サイクルによって、問題点や改善事項を確認していきます。また、何か新しい事業の着手やグループ再編等を行うのであれば、出来る限りこの直前々期（N − 2 期）に行うようにしてください。

　直前期（N − 1 期）は、直前々期（N − 2 期）で整備した内部統制が適切に機能しているかどうかを運用する期間となります。内部監査も、一般的に、この期から運用していくことになります。また、通常は、直前期（N − 1 期）から主幹事証券会社の審査が始まり、半年程度、審査部とのやり取りが続きます。直前期（N − 1）は、予算どおりに業績を達成すること、そして内部統制上場に最低限必要となるレベルまで持っていくことが目標になります。

　申請期（N期）に入り、株主総会（通常は、前期末日から3か月以内に開催します）後に、申請書類を作成し、取引所に上場の申請を行います。取引所では、通常、2か月間位の審査期間となっています。審査が終わり、取引所から承認が下りれば、その後、「ロードショー」と呼ばれる機関投資家等へ会社説明会周りが行われます。この「ロードショー」は通常主幹事証券会社がアレンジを行い、機関投資家に対して、自社の会社の概要や事業内容、ビジネスモデルなどの説明を行います。

　この**「ロードショー」における機関投資家の評価が、その後の公募や売出し時に株式の需給や価格に影響を与えることになります**。多くの IPO を経験した経営者が、IPO 前の最後の難関と仰っています。これらを経て、実際に IPO を達成して上場企業となるのは、申請期（N期）の後半となるケースが多いと思われます。

　このように、**IPO を目指そうと意思決定してから、実際に IPO を達成するまでには少なくとも4年くらいの期間がかかります**。多くのケースでは、課題の解決に時間がかかりますのでもっと長い期間がかかっており、IPO は長丁場のプロジェクトになります。

2.　IPO スケジュールの延期について

　IPO 実務をしておりますと、なんらかの理由で IPO スケジュールが延期してしまうケースに遭遇いたします。IPO のスケジュールは、主幹事証券会社との話し合いで進められていきます。IPO スケジュールが延期となってしまう要因は様々ですが、その中でも比較的多い要因とその対応策等について見ていきたいと思います。

(1)　要因　～業績～
　IPO スケジュールの延期になる要因としては、この業績が一番多いように思われます。

IPO においては、基本的に業績が右肩に上がっていることが望まれています。そのため、特に、グロース市場を目指し業績が横ばいの場合、今後の成長性が高い確度で合理的に説明できない場合には、暫く様子をみるということになることが多いです。

業績が伸び悩む要因は、景気や市場、ライバル企業の動向などの外部経営環境要因などもありますが、ここでは IPO の準備に関連する業績低迷事項について取り上げることにします。

① 新規事業に関する課題

高い成長性を目指すために、新規事業に参入したが、**社内リソースが十分でなかった**ことから、既存事業にも影響が出てしまうケースです。

これについては、新規参集した事業が、将来成長の見込みが高いということであれば、新たな人材を調達することにより業績の回復が見込まれるため、人材の確保と成長するための期間を考慮して、IPO スケジュールを仕切り直すことが良いと思われます。

一方、新規参入した事業が当初見込んだほど有望ではない、もしくは成長するためにはかなり多くの時間が必要であるという場合については、難しい判断が必要になります。新規参入した事業の規模等にもよりますが、既存事業を大きく足を引っ張るようでなければ、できるだけ新規事業で赤字を計上しないようにしながら IPO スケジュールを進めていくか、新規事業の見通しがつくまで IPO スケジュールを延期する、新規事業なしでも IPO できるのであれば、IPO スケジュールを優先して新規事業を一旦中断するなどが考えられます。

いずれにしても、新規事業で大きな赤字が出ている間は、IPO スケジュールに影響が生じると認識してください。

② 内部統制への適応の課題

内部統制の関連で規程やマニュアルを導入したが、従業員が適応できずに業務の効率性が著しく落ちてしまうケースです。

　これについては従業員の練度が上がれば業務の効率性が回復するものなの
か、それともシステム導入や外部リソースの活用によって効率化を進めること
ができないかを検討することになります。

　システムの導入には時間やコストがかかりますので、それらがどのように事
業計画に影響するかの検討が必要になります。他方、従業員の練度が上がれば
効率性が回復するということであれば、PDCA サイクルを上手く回しつつ、
速やかに効率性を回復できるような改善を行ってください。

③　IPO 関連の費用（コスト）の課題

IPO 関連のコスト負担が重すぎて、売上の成長分では吸収することができないケースです。

　IPO 関連で新規の人材獲得のための紹介手数料や外部専門家への業務委託
など一時的に発生する費用が嵩んでしまったということであれば、来期以降
は、当該費用が発生しないため、来期挽回する可能性があります。他方、IPO
関連で増加した人件費や監査法人に対する監査報酬、証券代行や印刷会社への
費用などは今後も発生し続ける経費であり、これらの負担が重すぎるというこ
とであれば、IPO 達成にはまだ早すぎたということが言えます。

　無理せず、自社の業績を着実に上げて、費用負担に問題無いレベルまで、
IPO スケジュールを延期する必要があります。

(2)　要因　〜予算策定の課題〜

　これも、IPO スケジュール延期として多い原因の１つです。業績が伸び悩ん
で予算未達となってしまうケースも当然あり、そちらについては上述したとお
りですが、それとは別に、予算統制、具体的には予算策定自体に問題があり、
なかなかそれが改善されないことによって、予算未達となるケースも見受けら
れます。

① 過度なトップダウンによる予算策定

　予算策定が要因となるケースとしては多いのが、経営者のトップダウン型の予算策定が上手く行かないケースです。**長年ビジネスを経営し業界に精通している経営者の直観や感覚というものは重要**であり、それそのものを否定するつもりは全くありません。実際に、周りの人間の見通しよりも、経営者の直観が合っていたということを何度も経験いたしました。しかしながら、**"IPO達成"という目標在りきで、無理な目標を課してしまう**というケースも数多く見てきました。特に、オーナー系企業の場合、オーナーである経営者の意向に、面と向かって異を唱える役職員はあまり多くないと思います。

　プライベートカンパニーのままでいるのであれば、トップダウン型の予算統制を続けていても構いません。しかしながら、IPOを達成し、パブリックカンパニーを標榜するのであれば、周りの意見も聴きながら柔軟に対応していくことも必要になると思われます。

② KPIの設定の課題

　次に、予算を積み上げる際の**"KPIの設定"**が上手く行かず、予算未達に終わるというケースです。

　何を予算策定時のKPIとして設定するのかは大変難しく、トライアンドエラーによって積み上げていく必要があると思われますが、例えば、営業系の企業で、営業員1人当たりの売上高と営業員数を予算策定時のKPIとした場合、新たに雇った営業員が既存の営業員と同じ売上高の水準を達成するためにはリードタイムが必要になります。当然、新卒を採用する場合と経験のある転職者を採用する場合では大きく差が生じ、営業員の増加が売上の増加に直結しないということもあります。

③ 費用に関する予算の課題

　また、**費用（コスト）の見積りが甘く、予算外の費用が多額に発生**したりするケースもあります。特に、会計処理のやり方を従来のキャッシュベース（お

金を支出した段階で費用として損益に計上するやり方）を発生ベース（役務の提供を受けた時点で費用として損益に計上するやり方）に変更する場合や会計上の見積り項目を計上する場合には、過去のデータの蓄積が適切になされていないこともあり、予算策定が上手くできないこともあります。

④　グループ企業の予算の課題

　さらに、グループ経営において、子会社の一部が脚を引っ張ってしまい予算未達に終わるケースもあります。子会社とのコミュニケーション不足が要因で予算策定が上手くいかないというケースもありますが、それとは違うところに要因があるケースもあります。

　例えば、グループの子会社をそれぞれ別の役員に社長として任せていたケースで、子会社 A 社は予算を達成する見込みがあり、子会社 B 社が業績不振の場合、子会社 A の社長としては仮に今期もう少し売上を積み上げられる余力があったとしても来期のために温存しておこうというインセンティブが働きやすく、ましてや業績不振の子会社 B の助力をしようとしないこともあります。このような場合、子会社 A は予算達成、子会社 B は予算未達になりグループ全体の業績としては予算未達となってしまうこともあります。

　もちろん、このような**セクショナリズムは、グループ企業ではなく単体企業でも起こり得ますが、別な会社となっている方がはるかに強く働きます。グループ経営の難しさは、グループ企業のすべての構成員に、グループ全体へ向いてもらうかどうか**だと思っています。

　対応策としては、**子会社とのコミュニケーションを密に行う**ということも重要ですが、万一に備えて予算策定時には、**グループ企業間でバッファーを取っておく**（グループ全体の売上予算についてはグループ企業各社の売上を単純に合算するのではなく少し保守的に割り引いておくことや、親会社として予算化する費用を保守的に積み増しておく）などの対応も有効になります。

(3) 要因 ～内部統制上の問題～

　内部統制の問題の多くは、コストをかけることによって**解決することが多い**と思われます。内部統制を進めていくための人材や内部監査を実施する人材なども、多くのケースではそれなりの費用（コスト）を負担できれば、対応可能となるでしょう。また、システムを導入することにより解決できるケースも多々あります。

　問題解決のための費用面が負担できるのであれば、IPO スケジュールの延期は限定的なものとなります。他方、費用面の負担が難しいということであれば、まずは企業業績を拡大することを優先させ、それまでは IPO スケジュールを延期させるという選択もあると思われます。なお、主幹事証券会社から内部統制上の問題を指摘されて、IPO スケジュールが延期となる場合、それが本当に内部統制上の問題であるのかについて検討することも必要です。過去、実際には、内部統制以外のところに大きな課題があったのですが、主幹事証券会社が経営者に本音を言えず、内部統制を問題として延期しているケースがありました。そのため、内部統制上の問題の指摘については、具体的な問題点とその対応について十分、主幹事証券会社と話し合い、タスクに落とし込んでいくことが重要と思われます。

(4) 要因 ～法令やコンプライアンス違反～

　IPO 準備中の法令やコンプライアンス違反については、まず**違反が発覚した時点で、違反事項の全貌と同種の問題が他にも発生していないどうかについて調査する**必要があります。明らかに軽微な場合を除き、外部に調査を依頼することを検討してください。違反の全貌と同様の違反の有無が明確に判明していないと主幹事証券会社など、外部の IPO 関係者は、当該違反事項の IPO への影響について何も判断ができません。また、同時に、再発防止策についても検討する必要があります。

　次に、法令やコンプライアンス違反の程度を確認することが重要です。業界によっては、許認可等の取り消しなど、その違反が致命的なこともあれば、

ある種、業界内ではそれが頻発しており、致命傷ではないという事もあります。法令やコンプライアンス違反した内容の影響にもよりますが、ある程度軽微なものであれば、再発防止策が機能していることを確認できた段階で、IPOスケジュールを再開する可能性があります。同業他社の違反状況なども確認し、当該違反の程度の軽重を説明できることも有用だと思われます。

　他方、法令やコンプライアンス違反の内容の程度が重い場合には、IPOを断念せざるを得ない状況もあり得ます。また、昨今では消費者や世間の法令やコンプライアンス違反に対する意識が変わりつつありますので、従来であれば軽微なものとして取り扱うことができたものが、今後は軽微でないとみなされ、不買運動等に繋がる可能性すらあり得ます。

　いずれにしても、速やかに、主幹事証券会社に相談することが必要です。

(5) 要因 〜関連当事者取引問題〜

　関連当事者取引については、「第3章 第3節3.（1）関連当事者取引」で解説しましたように、IPOに際しては、原則、解消することが求められています。ただ、取引によっては、解消せずそのままでも良いケースもあります。**関連当事者取引の解消の要否については、まず主幹事証券会社と十分に相談して**ください。解消しなくても良いという取引を除き、IPOを達成するためには解消する以外、まず選択肢はありません。

　IPOスケジュールは、当該関連当事者取引がいつ解消できるかによって決まります。**金融機関等の保証などについては、主幹事証券会社とも相談しながら、金融機関等交渉していくことになりますが、金融機関側も事情は理解していますので IPO が達成可能であれば協力してくれます。**

　これに対して、解消が困難なケースでは経営者等の親族問題などの個人的な領域にも関わることも多く、当事者である経営者以外が、仲裁に入って解消できないこともあります。この場合、IPOスケジュールは、経営者の行動次第になってしまいますので、IPO準備に入る前に、関連当事者取引については今一度、確認することが望まれます。

(6) 要因 ～反社会的勢力問題～

　取引先が反社会的勢力であれば、当該取引以外の取引先を見つけることが解決策になりますが、仮に、他の妥当な取引先が見つからないということになれば、IPO を断念することもあり得ます。

　また、大株主や役員に反社会的勢力が含まれている場合、その者と自社が縁を切ることができれば、IPO スケジュールを進めることが出来ると思います。弁護士の力を借りて、排除するためのスキームを構築することもあり得ますが、時間と資金がかなり必要になります。なお、排除が困難な場合には、IPO を断念することになると思われます。

3. IPO スケジュール延期の回数

　IPO 準備を始めて、当初のスケジュールどおりに行かずに、スケジュールが延期するケースを実務では良く見かけます。IPO スケジュールが延期になる要因というのは上述したように様々であり、また、IPO スケジュール延期の回数にも制限はありません。そのため、何度もスケジュールの延期をしているという IPO 準備企業は数多くあります。

　ただ、**ダラダラとスケジュール延期をするのは、自社の役職員や IPO 外部関係者のモチベーションが持たない**ため、できる限り避けた方が望ましいと思われます。

　例えば、直前期（N－1期）において IPO スケジュールが延期になった場合、その要因がどこにあるのかについて、真剣に検討しないで続けているケースがありますが、十分な検討を是非行って欲しいと思います。明確に業績に要因がある場合（例えば、売上や利益が予算や前期割れをしたようなケースで何か特殊な外部経営環境要因（例えば、自然災害など））であれば別ですが、原材料の資源高によって経済環境が悪くなったというような場合、同じビジネスモデルや経営戦略のままだと業績の低迷が今後も続く可能性があります。この場合、根本的な原因を検討して変革をしない限り、負の流れを変えることができません。

　特に、直前期（N－1期）ではビジネスモデルを大きく変更したり、社内の仕組みを大きく変えたりすることは難しいのが実情です。大きく変更した場合には、その運用実績を見る期間が必要になり、1期ではなく、2期延期が必要と主幹事証券会社から提示されてしまう可能性もあるためです。

　繰り返しになりますが、IPO の準備では、直前々期（N－2期）に変革や内部統制の整備を行い、直前期（N－1期）は微調整と運用というやり方が基本です。そのため、**根本的な変革が必要な場合、直前期（N－1期）を再度やり直すのではなく、直前々期（N－2期）まで戻すことも選択肢に入れてください。**

　個人的な意見で恐縮ですが、今までの実務上経験からしますと、当初の IPO スケジュールが2度延期するくらいまでが、そのまま準備を進めていくかどうかの1つの目安かと思われます。もちろん、3回延期して IPO をそのまま達成した企業もあるとは思います。また、ベンチャーキャピタルから出資を得ている場合などは、簡単に中断すると言えないのも事実です。ただ、直前々期（N－2期）に入る前にスケジュールを延期した場合と、直前期（N－1期）で延期した場合では、当然、IPO 準備の作業量も違いますし、IPO に対する社内の緊張感も違います。そのため、スケジュールが3回以上の延期となる場合は、そのまま続けて社内が大丈夫かどうかを見直してください。

　特に直前期（N－1期）の場合、次は上手く行きそうだと関係者が納得できるような理由や状況があるケースがあれば別ですが、単にもう1年延期しようという先延ばし的な展開は、来期も上手く行かないということが結構ありますので、IPO 準備を直前々期（N－2期）まで戻す、もしくは一時中断するという決断も選択肢に入れることも良いと思われます。

　IPO スケジュールが延期になった原因をしっかりと分析して、抜本的に解決（多くは業績面や、体制面に問題が多いと思われます）を図ったのち、改めて IPO の準備に入るという方が上手いきますし、IPO 後も成長し続ける可能性が高まります。

第5章
IPO達成後に成功し続けるためには

第1節

上場ゴールとならないために

1. 上場ゴール

　多くのスタートアップ・ベンチャー企業の経営者は、IPO自体は通過点であり、決してゴールではないと思っていることでしょう。是非、そのようになって欲しいと思っています。

　しかしながら、実際にはIPOを達成すること自体が目標となってしまい、IPO達成後の業績が大きく失速してしまう、いわゆる「上場ゴール」となってしまう事例が後を絶ちません。IPOをすることによって得られるものは多いと思いますが、IPOをすることが却って企業の成長を妨げるとしたら、果たしてそのIPOは必要だったのかと疑問に感じることもあります。実際、IPOを転機に企業内部が分裂してしまい、企業そのものが無くなってしまった事例もあります。そこまでは行かなくとも、IPO前の業績の勢いが失速してしまい、投資家から上場ゴールの烙印を押されてしまうのは、経営者にとっては不本意なことと思います。

　IPOの実務をやっていますと、IPOが難しいかなと思っていた企業が、IPOの時に"神風"とも思える追い風が重なることにより、"あれよあれよ"と、IPOを達成してしまうことがあるのも事実です。しっかりとしたビジネスモデルと経営戦略、社内体制の準備ができていれば、IPO後も上手く成長していきますが、不十分なままにIPOを達成してしまいますと、IPO達成後に、IPO時の勢いがなくなって成長性や業績が失速してしまいます。IPO達成の直後

は、上場記念のイベントや挨拶やらで、本業の進捗が滞るということもあるでしょうし、他の役職員もIPOという目標を達成したという安堵感からか緊張感が緩むことがあるということもあります。

また、IPO準備期間中は、IPOを達成するために多くの経営的な制約が生じます。特に、直前期（N−1期）から申請期（N期）にかけては、多額の投資や組織の大きな変更を伴う新規事業、M&Aについては避けることを主幹事証券会社等から指導される可能性もあり、経営者としては自由に経営できないと感じることが一般的です（無論、規則等でこれらの行為が駄目ということではありませんが、事業上の大きな変化については、主幹事証券会社等からその実行後の状況を確認し、それが業績等IPOの時点でマイナス面に働ないということを確認したいということがあります）。そのため、IPO後には、我慢していた経営上の制約が外れ、色々挑戦してみたい新規事業やM&Aに積極的に挑戦する経営者の方も多くいらっしゃいます。

もっとも、それらの挑戦が、上手く行くこともありますが、当初の目論見どおり上手く行かいないというようなことも、よく見かけるケースです。

経営者にとっては、IPO達成は単なる通過点の1つであり、その後も成長し続けていくことが重要だと思います。そのためには、**IPO達成前の時点からIPO後の目標を設定し、役職員と共有しておくことが重要です**。特に、IPO準備期間が長い企業であるほど、IPOを達成したことで経営者も含めた役職員の緊張感が和らいでしまい、成長を続けていくことに対するモチベーションが下がってしまうこともあります。

そこで、本章では、「IPO後に成功し続けるため」にはどのようなことに留意すべきかをテーマにして、IPO達成後も成長しつづけていくためのポイントについて見ていきたいと思います。

2. IPO達成後の成功とは

まずは、本書でのIPO達成後の企業の成長を定義したいと思います。

　IPO達成後の成功をどのように定義づけるかは、人とよって様々だと思います。企業である以上、**右肩上がりに業績を成長させ続けていくこと**が最重要であるとする方もいるでしょうし、業績を向上させるための重要な要素である**組織の拡大**を挙げる方もいるでしょう。また、上場企業である以上、いずれもが株価に反映されるため**株価が最重要**だという経営者もいらっしゃることでしょう。いずれの考えも正しいと思われますし、考え方の善し悪しをここで議論するものでもありません。

　そこで本書では、①業績の向上、特に、安定的に成長させることについてのビジネスモデルや、②組織の拡大（人材の採用やM&Aにおける留意点）、③企業価値・株価を上昇させるための投資家が意識する指標、配当政策（自社株買い）、及びIR活動（Investor Relations）について、実務を通じて気づいた事項を一緒に見ていきたいと思います。経営に関する初歩的な議論もあるかもしれませんが、少しでも皆様の参考になれば幸いです。

第 2 節

業績を継続的に向上させるためには

1. ビジネスモデルを再検討する

　ビジネスモデルのカテゴライズは、色々な切り口があると思われます。ここでは、IPO 後の業績を継続的に向上させるという観点から、(1) フロー型ビジネスモデルとストック型ビジネスモデル、(2) BtoB ビジネス、BtoC ビジネス、(3) 事業の選択と集中という 3 つの視点に分けて考察していきたいと思います。

(1) フロー型ビジネスモデルとストック型ビジネスモデル

　フロー型ビジネスは、製・商品やサービスの提供がその都度完結するビジネスで、売り切り型とも言い換えることができます。多くのビジネスモデルはフロー型に分類できると思います。顧客の幅広いニーズに応えることが可能であり、ストック型ビジネスと比べてすぐに売上が計上できる傾向があります。

　一方、ストック型ビジネスの代表例は、サブスクリプション型のビジネスだと思います。サブスクリプションモデルでは利用者が一度契約すれば、解約されない限りは継続して売上が計上されます。また、サブスクリプションではないとしても、一度受注しますと、その後の定期的に物販やサービスを提供できる形態もストック型に分類できると思います。ストック型ビジネスは、フロー型ビジネスに比べて最初の売上が計上されるまでに時間がかかるという面はあるものの、一度軌道に乗れば継続的に売上が見込めるという傾向があります。

○ ストック型ビジネスのメリット・デメリット

① ストック型ビジネスのメリット

　　業績を安定的かつ継続的に向上していくという観点からしますと、ストック型ビジネスが良いようにも思われますし、実際、ストック型ビジネスモデルを採用している企業の業績が安定している傾向が高いのは事実です。また、業績が読みやすい傾向にあるため、予算統制や資金繰りの管理もやり易いと思われます。

② ストック型ビジネスのデメリット

　　一方、ストック型ビジネスモデルは、一般的に**軌道に乗せるまでに多額の設備投資や認知度向上のための広告宣伝などの販促費用がかかる**ため、ストック型ビジネスでスタートアップ・ベンチャー企業がIPOを目指そうとすると、最初は資金繰りで相当苦労するケースが多く見受けられます。また、通常は売上よりも経費が先行するため赤字が続き、黒字転換が見えてこないとIPOスケジュールが先に進まず、スケジュールが遅れていくという傾向があります。

　IPO達成後に、IPOで獲得した資金を基に、ストック型ビジネスを新たに展開していこうと考え、かなりの経営資源を充てるとすると、売上の計上（拡大）までに時間がかかることも多く、投資家が企業側に求める業績のハードルをクリアーできず、株価が低迷するリスクもあります。IPO時点の段階で、新たにストック型ビジネスを展開していくビジネスプランを投資家にIR等で丁寧に説明をしていれば良いのですが、十分な説明がなく強引に進めてしまうと、投資家から大きな失望を買い、株価が長期低迷に繋がる恐れがあります。

　また、設備投資として固定資産に計上された資産については、常に**「減損損失の計上の要否」**という会計上の論点の検討が求められます。通常は、該当する**事業セグメントが2期連続赤字の場合に、「減損の兆候があり」**ということになり、その後の検討が必要になります（当期だけのように2期連続赤字でない場合、原則検討が不要になります）。この「減損の兆候があり」と判断された場合、来期以降の中期的な事業計画を詳細に検討する必要があります。

　近年は、会計監査における減損に係る事業計画の検討がかなり厳しく、企業側が作成した事業計画が認められないという判断に至ることも多々あります。事業計画の作成には、例えば、市況の動向等外部経営環境や自社の内部経営環境について経営者の主観的な判断が入ることになりますが、会計監査は過去の実績等を重視する傾向があります。そのため、業績が回復するということについて実現可能な具体的な経営施策等に関するエビデンス（例えば、広告宣伝費を抑制するとか、単価の値上げに関する得意先等との交渉の経緯などを示し、値上げが実現可能であるなど）を提示できない場合、会計監査で企業が行った"減損計上なし"という判断が監査人に認められないケースがあります。そのような場合は、多額の減損損失が一度に計上されることになります。

　さらに、ストック型ビジネスは、プライシング（価格設定）にも難しいところがあります。これは、フロー型ビジネスに比べて、ストック型ビジネスは価格設定を弾力的かつ頻繁に変えにくいということがあります。ストック型ビジネスモデルを採用したスタートアップ・ベンチャー企業で、価格設定が上手く行かず、価格が高すぎて顧客が増えない、もしくは、価格が低すぎて利益が出ないというケースもあります。

　そして、どんなに良いサービスを提供できるストック型ビジネスを作っても顧客にそのサービスが認知されない限り、顧客から利用されません。スタートアップ・ベンチャー企業では知名度の低さと広告宣伝費に大金を投じる資金余力があまりないということから、認知度が上がりづらく顧客が増えなかったため、結果的にビジネスそのものが立ち行かなくなってしまうケースもあります。

　理想を言えば、当初はフロー型ビジネスで資金を稼ぎつつ、ストック型ビジネスも進めておき、ストック型ビジネスで結果が上がり出したところでのIPO達成というシナリオがいいでしょう。ただ、多くのスタートアップ・ベンチャー企業においては、両方のビジネスモデルを上手くやれるほどの経営資源がないケースも多いと思われます。また、IPOを達成することのメリットは、資金の獲得と知名度向上です。

　そこで、1つは、IPO達成後、既存ビジネスのフロー型ビジネスからストッ

ク型ビジネスに転換できる部分があれば、その部分を積極的に転換していくということをビジネスの当初の段階から検討して準備をしておくことです。例えば、製品の一部を売り切り型としていたものについて、レンタル型も展開するとか、アフターメンテナンス等として収益化ができるのであれば、そのような事業も展開するなどが考えられるでしょう。

　もう1つは、M&Aの活用により、資金や知名度が無く立ち行かなくなっているストック型ビジネス企業をグループ傘下に加えることという方法が考えられます。なお、この場合、M&A時点で、今後どの程度、新たな資金負担が生じる可能性があるのかについて、買収時のデューデリジェンス（DD）で十分に検討しておく必要があります。

〈フロー型ビジネスモデルとストック型ビジネスモデルの比較〉

	メリット	デメリット
フロー型ビジネスモデル	・短期間で売上が計上できる	・売上の安定性ではストック型ビジネスモデルに劣る可能性がある
ストック型ビジネスモデル	・一度成功すれば安定的に売上が計上できる	・比較的多額の資金が必要 ・立ち上がりに時間がかかる ・減損損失のリスクがある

(2) BtoBビジネス、BtoCビジネス

　顧客という視点から、ビジネスモデルをBtoBビジネスとBtoCビジネスにビジネスを分けることもできます。

　一般に、BtoBビジネスは、企業相手のビジネスであり、BtoCビジネスに比べて売上が安定しやすいと言われています。特に、大口の顧客が複数あれば売上の安定性は増す傾向にあります。一方、BtoCビジネスは直接消費者に対して製・商品やサービスを提供することに起因し、消費者の消費動向に影響を受

けやすくなります。そのため、BtoC ビジネスにおいては、特に、マーケティングが重要になってきます。マーケティングにおいて、企業の知名度が高ければ、それを優位に活かすこともできるため、上場企業になるということはより優位になる可能性があります。

　業績の安定性という点に焦点を絞ると、単純に BtoB ビジネスが良いように思われるかもしれませんが、必ずしもそうとは言えません。自社の提供する製・商品やサービスが他社に比べて圧倒的に差別化が図られるということであれば別ですが、そうでない場合、他社との価格競争に巻き込まれる可能性もあり、粗利率が低くなる傾向にあります。また、得意先を獲得するまでのリードタイムが一般的に長いと言われることもあり、売上の成長性を出せない可能性もあります。グロース市場への IPO を目指しているスタートアップ・ベンチャー企業としては、成長性の確保という課題と直面する可能性があります。

　個人的には、BtoB ビジネスを採用し安定的な成長を行うことを目指すのであれば、スイッチングが容易に起きにくい製・商品やサービスを主軸とするビジネスが望ましいと思われます。例えば、企業のバックオフィスで利用されている経理や人事、総務関連のシステムなどはその 1 つの例です。これらサービスは一度採用すると、多少の値上げや他社のより魅力的サービスが登場しても、乗り換える手間（コスト）を考えて顧客が変更を躊躇するケースを多く見ます。また、顧客が大手企業になればなるほど、サービス等の切り替え時に社内手続きが煩雑になることもあり、離反しづらい傾向にあります。

　IPO 後には知名度が向上しやすくなるため、IPO を転機に BtoB ビジネスから BtoC に事業を展開していくということも考えられますが、BtoB ビジネスと BtoC ビジネスではマーケティングも含めた営業のスタイルが全くことなるため、安易にその選択を取ることはお勧めしません。

　また、証券会社や日本株専門の投資家などの一部の人を除いて、すべての上場企業を認識している人は稀です。スタートアップ・ベンチャー企業の経営者の皆さんが思うほど、一般人は有名企業以外の上場企業のことを知りません。事実、ビジネスにおいて名刺交換した際に、名刺に東証上場企業のマークが

入っているのを見て初めてその企業が上場企業だと認識することもあると思います。IPO による知名度向上については、過度に期待しすぎないことだと思われます。

〈BtoB ビジネスモデルと BtoC ビジネスモデルの比較〉

	メリット	デメリット
BtoB ビジネスモデル	・売上が安定しやすい	・売上獲得までのリードタイムに時間がかかる傾向にある ・利益率が低くなりやすい
BtoC ビジネスモデル	・顧客と信頼関係をダイレクトに構築可能 ・売上獲得までのリードタイムが短い傾向にある	・知名度の向上が必要となる ・売上が安定しにくい

(3) 事業の選択と集中

① IPO 達成前の段階

　事業の選択と集中は、経営学において多く語られているテーマだと思われます。多くの経営学を扱った書籍等で、事業の選択と集中が語られており、多くのスタートアップ・ベンチャー企業の経営者の方も目にしたことがあると思われます。

　IPO の実務に携わった経験からいえば、IPO を達成するということを目標にするのであれば、事業を選択し、経営資源を集中するビジネスのやり方の方が結果を出しやすいと思われます。IPO の実務で大きな課題となっている予算統制、予実管理という観点からも複数ビジネスを同時に一定の精度でコントロールすることは、中々、難しいことです。特に、子会社ごとに異なるビジネスを展開している企業グループにおいては、ある子会社は業績が好調であるが、ある子会社が赤字でグループの脚を引っ張ってしまい、それが原因で IPO のスケジュールを延期するというケースは結構あります。

　そのような結果とならないようにするために、IPO を達成するための対応策として、IPO 準備の段階でビジネスの選択と集中を進めることがあります。**具体的には、業績が良くない事業や子会社について清算するか、業績が好調な事業や親会社等との統合**です。このような形で、赤字垂れ流しを解消することが、IPO 達成にはセオリーとなっています。

②　IPO 達成後の段階

　IPO 後に業績を安定的に向上させていくということをテーマとした場合には、当然様相が変わります。一般的に、優れたビジネスモデルでも 10 年以上の長期スパンにおいては、当初の優位性を発揮し継続的に業績が伸び続けるというケースは多くないと思われます。これは、時代の変化が激しく顧客のニーズが続かないということもありますし、仮に、顧客のニーズが保たれているとすると、10 年間もあれば、他社がその旨味ある市場に参入して競争が激化することになるためです（多額の初期投資が必要で、かつ規模が大きいほど優位であるようなスケールメリットが効くようなビジネスモデルの場合は、仮に、旨味のある市場であっても参入できないこともあります）。

　許認可等や特許関連が必要な特定の市場を除けば、ブルーオーシャンはいずれレッドオーシャンになっていくものです。また、コロナ禍のような自然災害や戦争のような想定外の事象によって、従来あった優位性が崩れ、ビジネスが急に失速する可能性もあります。

　さらに、私見ではありますが、経営学の事業の選択と集中の議論は、従来多角的に展開していた企業グループにおいて、広げ過ぎた経営資源を再配分するという意味において重要だと感じています。事業を「選択と集中」するだけでビジネスが上手くいくのであれば、もっと多くのスタートアップ・ベンチャー企業が IPO を達成していてもおかしくないのですが、現実には、一部の企業みしか達成できていません。

　以上のことを考慮しますと、ベンチャー企業が IPO 達成後においては、複の軸となるビジネス事業の展開を行っていくことが業績を持続的に向上させ

ていくためには非常に重要だと思われます。ただし、むやみやたらに、色々事業展開をすればいいというものではありません。特に、注意を要するのが、M&Aを活用した新規事業展開です。

　M&Aのメリットとして、よく「時間を買うこと」と言われ、IPO後にM&Aを活用して新規事業の参入を行っている企業が多くあります。上手く行っているケースもあるかもしれませんが、数多くが失敗しています。既存の事業の拡大（例えば、別の地域で行っている同じ事業の企業を買収する）であれば、収益構造や問題点、改善すべき事項といったことを熟知しており、M&Aが成功しやすいと思われますが、新規事業の参入の場合は、新しいビジネス事態を把握することから始める必要がありますので、新規事業を立ち上げるのと同様の苦労を伴うのです。

　また、既存事業の周辺事業であっても、少し軸がズレただけで、ビジネス上、留意すべき点が異なるものです。M&Aの多くは、何らかの事情によって、売り手が企業を売りに出していることを念頭にして検討する必要があります。なお、M&Aに関する留意点については、「第3節3. M&Aについて」で解説したいと思います。

〈事業の集中と複数展開の比較〉

	メリット	デメリット
事業の集中	・少ない経営資源を効率的に活用できる ・予実管理がしやすい	・長期間は優位性が継続しない傾向にある
複数事業展開	・複数の事業の柱があると、業績を安定させやすくなる	・資源配分が難しくなる ・予実管理が難しくなる

　M&A等により事業領域の拡大する場合、既存事業の周辺領域を攻めていということが多いと思います。垂直方向に拡大しサプライチェーンをコンロールすることにより利益率を高めるという方法が望ましい企業もありま

し、製品ラインナップやシェアアップをすることを目的に水平方向に展開して
いくのが望ましいケースもあり、自社のビジネスモデルによってどのように展
開していくことが望ましいかは異なります。

　ただ、ご留意いただきたいのは、**拡大の方向性が「自社のビジネスモデルの
強みを磨いているのか」どうか**という点です。上場企業は投資家から企業規模
の拡大を求められ、増収（売上高の増加）を目指す傾向にありますが、増収が
将来の増益、更にはキャッシュフローの増加につながらなければ企業価値は増
加していきません。製品ラインナップを増やしても滞留在庫が多くなりすぎ多
額の商品評価損を計上したり、海外に展開して上手くいかずに減損したりとい
うケースは非常に多くあります。

　無論、ビジネスを拡大する際にはリスクがあるのは当然ですが、ベストシナ
リオばかりが議論されワーストシナリオの議論が少ないスタートアップ・ベン
チャー企業を多く見かけます。特に、オーナー系のスタートアップ・ベン
チャー企業には多い気がしますので、経営者の方は冷静な部分を合わせ持つよ
うに意識していただければと思います。

第3節

組織を拡大し続けるためには

1.　IPO後も組織を拡大していく

　IPOの実務を見ていると、スタートアップ・ベンチャー企業がIPOをする場合、直前期（N－1期）位に企業組織が急激に拡大するケースが多いと思われます。これは、IPOに必要な内部統制を整備及び運用するためという面もありますが、IPOを達成しようとする企業には自然と人が集まってくる何か目に見えない力があるようにも思われます。もっとも、首尾よくIPOを達成しても、そのまま組織を拡大し続けることができる企業もあれば、そうでない企業もあります。

　本節では、組織の拡大に欠かせない人の採用とM&Aについてみていきたいと思います。

2.　人の採用について

　「何故、IPOをしたいとのか」という理由をスタートアップ・ベンチャー企業の経営者にお聞きすると、ほとんどの方が、「IPOを達成することによって優秀な人材を確保したい」と仰います。確かに、スタートアップ・ベンチャー企業の経営者は人材の確保で苦い経験をされている方が多く、上場企業というステータスがあればより人材が確保しやすくなるということを考えてのことだと思います。

　この点については、過去に携わった経験からいいますと、ケースバイケースです。IPO によって人材の確保が優位になったという企業もあれば、あまり大きな影響が無かったという企業もあります。特に、近年は終身雇用的なものを求める求職者も減ってきているでしょうし、大企業や上場企業であっても倒産するケースもあります。また、IPO を達成した企業が、どのような人材を求めるかによっても異なります。新卒生を中心に人材を求める場合と即戦力の転職者を人材として求める場合でも異なると思われます。

　上場企業であるということは、確かに一般に安定性があるとみなされる傾向がありますが、それだけでは人材が集まるわけではないということはご認識してください。求職者が求める企業へのニーズの上位ランクには、「風通しの良い社風」や「将来性がある」ことなどがあるようですが、これらはスタートアップ・ベンチャー企業が大手企業よりも優位な面を発揮できるところだと思われます。

　上場企業というステータスは人材獲得に優位に働く可能性があるかもしれませんが、上場企業になったからといってそれだけで十分な人材が確保できるわけではないということをご認識いただき、IPO を達成する、しないにかかわらず、他社にない自社独自の光る部分を磨き、人材を確保して、企業を成長させていただきたいと思います。

　余談ですが、地方で人材を採用したい場合には、上場企業であるということは有利に働くのを実感します。地方展開や支店、拠点等を開設する場合、人材のみならず事務所の賃貸など様々な面で上場企業であるということの恩恵を受けるチャンスがあります。

　また、人の採用というところからはやや話が逸れますが、経営幹部候補の採用についてはできる限り早く着手することをお勧めします。特に、経営者が創業者の場合、なかなか経営幹部が足りない、育たないというケースが多いように思われます。

　確かに、オーナー系経営者にとっては、いつまでも自分で判断して自分の思うようにやっていきたいという思いが強いかもしれません。また、ユニクロの

株式会社ファーストリテイリングやニトリの株式会社ニトリホールディングスなど、元気の良い企業はカリスマ的なオーナー経営者がいらっしゃるのも事実です。しかしながら、**オーナー経営者として企業グループを率いていくことと、経営幹部候補を揃えないというのは別の次元だと思われます。優良な企業グループほど優秀な経営幹部候補が沢山いらっしゃいますし、新規事業展開やM&Aという場面において経営幹部候補が活躍する場は沢山あります。**場合によっては、既存事業を経営幹部に任せ、経営者自身が新規事業展開やM&A先の経営に率先して関与することも可能になります。

　なお、「第3章 第5節6. 資本政策上の問題」でも述べましたように、経営幹部候補に対しインセンティブとしてストックオプションの付与をご検討の場合は、早めに着手することが望まれます。

3.　M&A について

(1) IPO 時に獲得した資金を M&A に活用すること

　IPO 時には、通常、公募増資が行われます。外部の投資家から資金を調達することが可能になりますので、IPO によって獲得した資金を元手にして積極的にM&Aを展開していきたいと考えるスタートアップ・ベンチャー企業の経営者は多くいらっしゃるかと思います。また、IPO 前は単体であった企業が、IPO 後にはM&Aを活用することによってグループ経営を開始するケースも結構ありますので、IPO 達成によって調達した資金を使ってM&Aを行い、グループ企業経営をスタートするというイメージがあるかもしれません。

　結論から言いますと、IPO 時に投資家から出資してもらった資金を直接M&Aに使っているというケースはほとんどなく、過去に獲得した手許の資金や金融機関からの新たな借入によって行われています。なぜ、このようなことが起きるのかといいますと、IPO 時（厳密には、IPO だけではなく、社債を含む有価証券の募集や売出しを行う場合も含みます）には、「有価証券届出書」（もしくは「目論見書」）というものを発行することになります。この有価証券届出

しくは目論見書）には、資金使途を記載する欄があります。

〈取金の使途〉

　上記の差引手取概算額 81,000 千円については、さらなる事業拡大を図るための運転資金として充当する予定であります。

① 採用費用

　当社が提供する「Sactona」の競争優位性を維持・強化するためには、開発人材、経営管理の経験を活かして顧客への付加価値提案を行うコンサルタント、顧客ニーズに丁寧に応え提案する営業人材、システムのインフラストラクチャーを管理・運用・保守するサポート人材、そして持続可能な企業基盤を支えるコーポレートスタッフの採用、強化が重要になります。このため、人材採用費用として、64,800 千円（2024 年 3 月期：9,800 千円、2025 年 3 月期：30,000 千円、2026 年 3 月期：25,000 千円）を予定しております。

② 海外マーケティング費用

　当社は今後「Sactona」を国外企業にも導入いただけるように、グローバルにサポートができる体制を構築し、海外市場を開拓していくことを目標としております。そのためには、グローバルパートナーとの提携も必要であると考えております。海外マーケティング費として、「Sactona」を国外企業にも導入するべく、グローバルパートナーとの関係構築のために開催する海外 EXPO 出展費用、出張費用等の充当として 16,200 千円（2024 年 3 月期：2,400 千円、2025 年 3 月期：7,500 千円、2026 年 3 月期：6,300 千円）を予定しております。

　また、上記調達資金は、具体的な充当時期までは、安全性の高い金融商品等で運用していく方針であります。

（出典：アウトルックコンサルティング 2023 年 11 月 8 日提出有価証券届出書）

　資金使途に記載される内容は、投資家から資金を調達する際に、どのような目的に当該資金を使うのかを示すものであり、有価証券届出書（もしくは目論見書）を発行する時点でそれなりの根拠を持って説明できるものである必要があります。また、実際に資金調達が出来た場合、その用途に沿って資金を使用する必要があります（新規 IPO 企業の資金使途を見て、その企業に営業に行く営業員もいるようです）。

　IPO の実務において、「いずれ行う予定なので、調達する資金の何割かを M&A 資金に回したい」という経営者の声を聞くことがあります。ただ、M&A は、取引相手のオーナーとの交渉ごとであり取引が成立しないケースもあるため、不確定要素が高く確実性がありません。そのため、IPO の資金使途としては、M&A はできないということになります。また、仮に IPO 前に、取引相手のオーナーと M&A の合意ができて、その買収資金に調達する資金を利用しようと考えた場合は、買収する企業はその後企業のグループ傘下に入ることになります。主幹事証券会社や取引所としては、企業の実態が大きく変わる可能性もあることから、追加の審査を要求し、IPO スケジュールが延期になる可能性もあり得ます。

　このような理由から、**IPO で調達する資金は M&A 以外の目的に使用する**ことになります。

　余談ですが、上場企業が M&A を行う際に手持ち資金で足りない場合は、金融機関から一時的に借入を行って M&A の取引を完了し、その後、増資や社債の発行手続きを行います。この手順であれば、既に M&A の取引が完了していることから、増資や社債発行時に発行される目論見書等の資金使途には M&A の内容や規模等の情報を記載することが可能になります（上場企業の増資や新規の社債発行時には、改めて IPO 時の主幹事証券会社や取引所の審査のようなものがありませんので、このようなことが可能となります）。

(2) M&A によるグループ経営

　IPO をする際には、一般的に、グループではなく単体である方が楽といわ

ますが、IPO 後はその制約が無くなり、多くの上場企業がグループ経営に移行しています。

　実務を通した実感としては、上場後、M&A を行ってグループ経営を始めた場合、上手く行ってないケースが多いように思われます。上手く行かない要因は色々あると思いますが、その中でも特に重要と思われるものをいくつかご紹介いたします。

① 　M&A の目的が明確でないケース

　M&A を行う目的が自社内で十分に検討されないまま、実行されてしまうケースです。

　例えば、M&A を行う目的の 1 つとして、「シナジー効果」がよく挙げられますが、**M&A によって具体的にどのようなシナジー効果があるのか、それによって具体的に売上の増加や費用の削減効果などが金額によって試算等されていないケース**です。確かに、具体的金額で示し難いケースもありますが、シナジー効果というオブラートで包む結果、その後の売上の拡大や費用の削減が曖昧となっているように思われます。シミュレーションした金額など具体的数値が M&A の意思決定の時点で示されていない場合、M&A 実施後に当該取引が本当に上手く行ったのかどうかを測定することができず、投資の効果の検証ができません（投資の効果が検証できないケースは M&A に限らず、設備投資などでも同じであり、スタートアップ・ベンチャー企業では良く見受けられます）。その結果、次回以降の M&A を実施する際に、前回の反省点などを具体的に活かすことができません。

　また、仮に技術者などの自社グループにおいて"キーとなる人材不足"で、M&A によって人材を獲得する目的だとか、M&A によって"特定のノウハウを獲得"しようとするケースにおいても、当該 **M&A によって具体的にどのような技術者やノウハウが確保でき、それを自社グループ内でどのように活用するのかという具体的なプランが曖昧なケース**も見受けられます。確かに、人材紹介業者に人材を紹介してもらう場合、採用した人材の年収の 3 割程度を支

払うこともあり、M&Aによって人材を一気に獲得するという目的も分からなくはありません。ただ、**人材紹介の場合は、試用期間などによって自社に合う、合わないということについてお互いが確認できるのに対し、M&Aにおいてはお試し期間はありません**（取引を無かったことにはできない）ので、お互いが合わなかったでは済まされません。

　M&Aの実務では、「企業を売る側は売るまでで終わりだが、買う側は買った時点がスタート」といわれています。交渉が難しいM&Aの場合、ついついM&Aの取引が完了したことで満足してしまうケースもありますが、M&Aの本来の目的は自社グループに上手く統合し、業績を上げることのはずです。M&A実行後に明確なアクションプランが作成されず、ただM&Aを実行しただけで、後は統合プランなどが無く終わってしまうケースも多く見受けられます。そのため、M&A時には、その目的や統合プランの是非を今一度確認するようご留意ください。

②　デューデリジェンスが十分でないケース

　M&Aを実行する前に、法務や財務、税務、人事などについて買収元企業側が専門家等に依頼をして買収先企業の調査を行うことが一般的です。この調査は「デューデリジェンス」もしくは、略して"DD"と呼ばれています。

　このデューデリジェンスの目的は、買収先企業の問題点を把握し、取引を行っても良いのかどうか、買収価格への反映、買収後のグループ統合計画策定の参考にするなどです。デューデリジェンスは、弁護士や公認会計士などの専門家が行いますが、非常に短期間で行われるケースが多く、また、買収先から提示される資料も限定的なことも多々あります。買収先企業が上場企業の子会社である場合、ある程度、調査に必要な書類が整備されていますが、純粋に非上場企業の場合、書類等の整備が適切にされておらず、買収先担当者へのヒアリングを中心に行われることも多くあります。買収先担当者も、普段十分に管理していないことから回答が曖昧なケースもあります。

　一方で、交渉の期限があることから、買収先での十分な調査ができないま

調査を打ち切り、報告がなされることもあります。本来であれば、そのような
ケースでは、**買収元が買収先と交渉し、適切な資料が提示されない限り、
M&A の取引はできないとすべきなのですが、**取引を完了したいというインセ
ンティブが働くと、うやむやのまま M&A 取引が実行され、実行後に問題処
理に多大なる費用や時間がかかるケースがあります。

　余談ですが、M&A の仲介業者は、通常、M&A 取引が成立して成功報酬を
もらうという契約になっているケースが多く、買収先と買収元との取引上の対
立においては、十分な仲介役（例えば、買収先企業を説得して必要な資料を提示
するよう交渉する）を果たさない可能性があります（仲介業者が買収先に過度に
資料依頼しますと、買収先オーナーが嫌がって、M&A 取引自体を辞めてしまうケー
スがあるため、仲介業者は取引が中断するようなことを避けることがあります）の
でご留意ください。

③　買収先の事業計画が楽観的すぎる

　非上場企業の買収価格は、買収先と買収元との交渉によって決定します。こ
の交渉に際して、上場企業の場合、取締役が株主に対して負う説明責任を果た
すためにも、買収に先んじて、企業価値算定（もしくは株価算定）を専門家に
依頼して実施いたします。

　非上場企業価値は、マーケットアプローチ、コストアプローチもしくはイン
カムアプローチで行われます。一般的に、インカムアプローチによる企業価値
の方が企業価値が高く算出されることが多く、買収先の要望する金額との兼ね
合い等で、インカムアプローチを採用しているケースが多いと思われます。

　インカムアプローチの場合、事業計画次第で企業価値が大きく異なります。
買収先企業の社歴がある程度あり、過去の実績をベースに保守的に作成された
ものであればさておき、ベンチャー企業を買収する場合には、かなり楽観的に
作成された事業計画であることが多く、本来であれば、十分な検討が必要で
あっても、それがそのまま企業価値算定に採用されているケースも多く見受け
られます。

　このようなケースにおける問題点としては、いわゆる"高値掴み"となる可能性が多く、また、会計的にも減損という形で損失計上を求められる可能性が高まります。もちろん、M&Aの交渉ではこちら側の言い分どおりには行かない面も多々あると思いますが、**事業計画については保守的であるかどうかを十分に検討する必要があります。**

　余談ですが、企業価値算定は企業外部の専門家によって行われているため、「企業価値算定書」を入手したことをもって、いわば"お墨付き"をもらったものと思われている企業の方もいらっしゃいます。しかしながら、ほとんどの外部専門家が作成する企業価値算定書には、"入手した資料の妥当性について検討していない"という免責条項がついています。また、企業外部の専門家であっても、当該企業やビジネスを熟知しているとも限りません。公認会計士であっても、算定に利用した事業計画の妥当性を検討することは難しいのが現実です。

　あくまで、事業計画の検討は、企業価値算定業務を依頼する買収元側（具体的にはM&Aの案件の担当者）にある点にご留意ください。

④　M&Aの経験不足

　M&Aの取引は、ルーチンでないことも多く、自社経営陣もしくは管理部門にM&Aの経験を十分有する人材がいない場合は、まずはM&A自体の経験を積む必要があります。そのような状況においては、いきなり金額の大きなM&Aの取引は実施せず、万一失敗しても自社グループに大きな影響が生じる恐れがないような影響規模の小さなM&Aを行って経験を積んでいくことが重要です。

　M&Aにおいて、M&A仲介業者や、デューデリジェンスにおいて弁護士、公認会計士など多くの外部専門家を活用しますが、それらの専門官のコーディネートやM&A実行後の買収先の経営統合における采配などは、最終的には自社内の人材で行うことになります。

　買収先との最終的な交渉案の作成やM&A後の統合などM&Aが上手く

めることができるようになるには、やはり場数をこなす必要があるのも事実です。そのため、当初からいきなり大型案件を狙わず、経験を積むことも M&A の目的とするぐらいの感覚で行うことも重要です。

⑤ 買収後に買収先を経営できる人材がいない

　スタートアップ・ベンチャー企業の多くでは、M&A を実行後、買収先の経営を任せることができるような経営幹部の人材が社内にあまりいないというケースが多いように見受けられます。買収先の経営者が引退するつもりでM&A を行うような場合、M&A 実行後は、新しい経営者を派遣する必要がありますが、なかなか買収先を経営できるような人材が見つからず、自社の業務管理と掛け持ちになり、統合が順調に進まないということもあります。

　仮に、自社内で買収先の経営を任せることができる人材がいない場合は、外部からヘッドハンティングなどによって新たに採用するということも考えられますが、コスト面などを考えるとうまくいかないこともあり、買収先企業の経営陣もしくは幹部候補でそのような人材を探すということもあります。また、実際に、買収先の内容を熟知しているのは買収先の人材です。そのため、**M&A におけるデューデリジェンスの際に、買収先企業の経営陣もしくは幹部候補で、経営者となるべき人材の有無を確かめることが重要になります。**

　なお、そのような人材が見つかった場合でも、M&A 後すぐに退職されてしまわないような条件等も合わせて M&A の際に検討するなどの対策も必要になります。

　余談ですが、買収先企業の経営陣を M&A 後も子会社の経営陣として関与させようと考えている場合、経営陣の人となりはもちろんのこと、将来の事業の展望や経営方針がグループの経営方針と一致するかどうかについても十分に議論をしたうえで、M&A を実行するようにしてください。仮に M&A 実行後に、経営方針が自社グループと合わないからといって、買収先企業の経営陣を辞めさせようとした場合、買収先企業の他の役職員が一緒に離反してしまう可能性があるからです。また、買収先企業の経営陣の中に優秀な人材がいれば、

自社や自社グループ内の他の子会社の経営陣として登用できる可能性も十分にあり得えます。小さい企業であったとしても経緯陣として経験がある人材は非常に貴重でありますので、是非とも、M&Aの際は買取先企業そのものだけではなく、経営陣や幹部候補についても検討を行ってください。

⑥　連結決算・子会社管理ができない

　上場企業が子会社を保有した際には、当該子会社が量的・質的に重要性がないほどの小さい場合を除き、連結財務諸表を開示する必要が生じます。IPO を達成した段階で単体決算のみだった場合、M&A により子会社化しますと、連結決算を行う必要が生じますが、**連結決算をできる経理の人材が必要になります。また、子会社が数社であれば連結会計システムを導入しないでもエクセル等を用いて連結決算は可能ですが、社数が増えた場合には、連結決算専用のシステムの導入が必要になります。**

　四半期ごとに決算を行うためには、子会社も自社同様に適時に月次決算を行える体制を整備したり、予実管理が適切にできるような体制を構築したりする必要が生じます。子会社側で経理も含めた管理体制が不十分な場合は、自社で管理（バックオフィス）を引き取るということを選択肢に入れることも検討してください。

　なお、**自社の会計基準が日本基準を採用しており、子会社が適時に月次決算や四半期決算が出来ない場合、子会社の決算期を3か月以内に設定するという方法もあります。**例えば、自社の決算が5月決算の場合、子会社を2月や3月、4月決算にするというような対応などです。

⑦　多額の「のれん」の計上

　「のれん」とは、子会社株式取得時の株式の取得価額と子会社の資産、及び負債を時価評価した差額の純資産相当額（実質的な持分）との差額をいい、会計上の概念です。例えば、子会社株式100%を1億円で取得した際に、当該会社の時価評価した資産が1.2億円、負債が7千万円だとしますと、純資産

当額は5千万円になりますので、取得価額1億円から純資産相当額5千万円を差し引きした5千万円が「のれん」ということになります。

会計基準では、「のれん」の効果が認められない場合には、減損処理することが求められており、グロース市場の上場企業に限らず、プライム市場の上場企業でも「のれん」に係る減損損失が計上されるケースが数多く見受けられます。

「のれん」は、単に子会社の取得価額とその時点での子会社の資産・負債の時価との差額という意見もありますが、会計的には当該差額を超過収益力とみなし、「のれん」に係る減損損失は、買収時に見積もっていた超過収益力が剥落したものと捉えています。株主や投資家側からしますと、買収金額が高すぎ当該M&Aが失敗したというように捉えることもできます。

近年では、「のれん」の会計処理に対する公認会計士や監査法人による会計監査が、従来よりも厳しくなっている傾向にあります。これは、「のれん」を減損損失とすべきかどうかが、会計上の見積りという主観的な要素に基づいて判断していることもあります。また、**減損損失を計上する、しないという問題だけではなく、もっと早く減損損失を計上すべきだったのではないかという減損損失計上の「適時性」、すなわち、タイミングの妥当性についても論点になることが多くなってきています。**極端な例ですと、M&A直後に「のれん」の減損損失を計上するという、いわゆる"取得時減損"ということも、会計監査で判断されてしまうことすらあり得ます。

この取得時減損の評価については賛否が分かれるところではありますが、監査人側の立場からしますと、単に高値掴みしただけであり、差額である「のれん」は将来の企業グループの利益等に貢献しないため価値がないものと捉えます。仮に、取得時減損が多額に発生しますと、M&Aの交渉が上手く行かなかったことを表明しているとも捉えることができます。株主や投資家に対する取得時減損の経緯の説明が難しくなるという事態に陥ることになってしまいますから、M&A時の高め掴みには十分ご留意ください。

なお、「のれん」については、日本の会計基準と国際会計基準（IFRS）では

処理の方法が異なります。日本の会計基準では「のれん」の効果の及ぶ期間に渡り償却していくことが求められるのに対し、国際会計基準では償却を行いません。そのため、同じM&Aを行ったとしてもその後、損益計算書に影響が生じます。先ほどの例ですと、「のれん」として5千万円が生じましたが、日本基準で仮に5年間で均等償却すると、毎年償却費（販売費及び一般管理費、として計上）が1千万円費用として計上されることになります。ちなみに、国際会計基準ですと、「のれん」の償却費用はゼロになります。

　子会社の業績が1千万円に満たない場合は、子会社の業績よりも「のれん」の償却額が大きくなってしまい、M&Aをしたことによってかえってグループ全体の損益を悪い方へ引っ張ってしまう、いわゆる"のれん負け"という状況が生じます。

〈「のれん負け」のイメージ〉

(単位：千円)

	親会社	子会社	連結調整	連結
売上高	300,000	50,000		350,000
売上原価	100,000	25,000		125,000
販売費及び一般管理費	100,000	20,000	10,000	130,000
営業利益	100,000	5,000	△ 10,000	95,000

　このような"のれん負け"という状況は避けたいということで、国際会計基準を選択している企業もあります。元々、国際会計基準は、グローバルに海外展開をしている企業にとって、現地の会計基準の処理を日本の会計基準の処理に統一することが大変であったことや、海外でのファイナンスを実施する際に、国際会計基準で報告した方が投資家に広く受け入れてもらいやすいという理由などから採用されていました。

　しかしながら、近年では国内のみで事業を展開しており、暫くの間はグロー

バル展開する予定がない企業でもあっても、「のれん」の償却がないという観点から国際会計基準を採用する動きが広まりつつあるように見受けられます。仮に、"のれん負け"しないにしても、「のれん」を償却している期間はM&Aによる営業利益の向上という効果が限定的になってしまいますので、それを理由に国際会計基準を選択するということです。

日本の会計基準を選択するか、もしくは国際会計基準を選択するのかというのは企業側の判断であるため、M&Aによる効果を享受したいという企業が国際会計基準を選択するという判断も一定の合理性はあります。

ただし、国際会計基準による財務諸表の作成は、日本の会計基準以上に財務諸表を作成する手間や工数がかかり、管理部門の負担が増えるだけではなく、監査法人の監査報酬も高額になる傾向にあります。また、万一、減損になった場合に巨額の減損損失が一度に発生する危険性が高くなるという懸念も生じます（日本の会計基準の場合、毎年償却をしますので少し効果が薄れます）。子会社業績が良い状況の時は良いのですが、業績が悪化し、巨額の「のれん」の減損損失まで計上するとなった場合のダメージはものすごく大きく、いわば"諸刃の剣"ともなる可能性があるのでご留意ください。

なお、一度、国際会計基準を選択した場合、基本的には日本の会計基準に戻すということは難しいとも思われるので、採用するかどうかの判断は慎重にしてください。

第4節

企業価値・株価を上昇させるための投資家が意識する指標、配当政策（自社株買い）、及びIR活動（Investor Relations）

1. 企業の成長と株価

　ここまで、業績の成長、組織の成長について見てきました。経営者の大きな役割の1つは企業を成長させることであり、そのためには事業を拡張したり、組織を大きくしたりするということが重要なことはいうまでもありません。**企業の成長に従って、株価が連動して上がっていくということが理想ですが、株価は必ずしも企業の成長とは連動するものではありません**。無論、株価を気にしないという上場企業の経営者の方も中にはいらっしゃいますが、多くの経営者が自社の株価を気にしているのも事実です。

　また、上場企業の経営者は、株主総会や決算説明会など株価対策をなどの質問を受ける機会もあります（元上場企業の経営者の方の中には、株価を気にしたくないから非上場化（MBO）したという方もいらっしゃいます）。

　株価は、企業の業績以外にも、景気動向や経済情勢、国際情勢、金利の水準、流行（トレンド）などといった様々な要素で変動しますので、短期的には経営者が直接コントロールできるものではありません。他方、5年以上の**長期的スパンで見れば、1株当たりの企業価値を向上させ続ければ、株価は右肩上がっていく傾向にあります**。そこで、まずは、企業価値と株価の違いからていきたいと思います。

2. 企業価値と株価の違い

　企業価値は、一般的に、企業が将来に渡って生み出すことができるキャシュフロー（CF）の現在価値を表わします。ここでのキャシュフローは、フリーキャシュフロー（FCF）のことであり、営業キャシュフローと投資キャシュフローの総和です。営業キャッシュフローとは、本業から生じるキャシュフローであり、投資キャシュフローとは、固定資産やM&A等の投資に関するキャシュフローのことをいいます。

　企業がキャシュを生成するためには、ビジネスモデルを構築するとともに、生産設備やソフトウェアといった固定資産に設備投資（支出）などを行います。そのため、株主への配当の源泉は、営業キャシュフローと投資キャシュフローの総和となります。このフリーキャシュフローの総和を高くすることが、企業価値を高めることになります。そこで、フリーキャシュフローを大きくするために、多くの企業では、人材を確保したり、設備投資を行ったり、M&Aを実施しています。

　なお、ファイナンスの世界では、お金には時間的な要素を加味する必要があるので、将来獲得するフリーキャシュフローは割引現在価値として算定する必要があります。

> **企業価値＝将来のフリーキャシュフロー（FCF）の総和を現在価値に割り引いたもの**

　なお、企業価値はあくまで企業全体の価値ですので、株価と比較する場合には、発行済み株式総数で除する必要があります。もしくは、企業価値と時価総額を比較することなど、"ものさし"を揃える必要があります。

　一方、株価は、株式市場における株式の需給のバランスによって価格が決まます。株式を買いたい人が多ければ株価は上昇し、売りたい人が多ければ株は下落します。人々の買いたい、売りたいは、必ずしも企業価値のみを反映

したものではありません。ケインズ経済学で有名なジョン・メイナード・ケインズは、株式投資を美人投票にたとえました。この美人投票は、一番得票を獲得した美人に投票した人が賞金をもらえるというもので、自分の好みではなく、他の投票者の好みを考慮して投票（意思決定）するというのがポイントです。

　そのため、企業の業績のみならず、企業外部の様々な要因の影響によって生じる投資家の心理や思考の変動が、株価に影響を与えます。このように、短期的には企業価値と株価は必ずしも一致しません。

　ファイナンスの世界では、ある企業の株価を検討する際に、以下のように分解することがあります。

　株価＝株価収益率（PER）×1株当たり当期純利益（EPS）

　この式の右辺の1株当たり当期純利益（EPS）は、経営者が企業を上手く経営していくことによってコントロールが十分な可能な要素です。これに対して、**株価収益率（PER）は、株価÷1株当たり当期純利益**です。この株価収益率（PER）は、"何年間で現在の1株当たり当期純利益の水準によって元手（投資額）を回収できるか"ということを表わしているともいえます（当期純利益がすべて投資家の持分という前提）。例えば、株価収益率（PER）が10倍ならば10年間で、100倍ならば100年間で元手が回収できるということです。もっとも、元手の回収に100年もかかるという企業に、投資をする投資家はいません。

　では、何故株価収益率（PER）が100倍の企業があるのかというと、投資家の当該企業に対する期待を表わしているといえます。例えば、現在は1株当たり当期純利益が100円で株価収益率（PER）が100倍だとしても、5年後には1株当たり当期純利益が1千円になっていて同じ株価だったら、株価収益率（PER）は10倍になります。

　そのため、株価収益率（PER）が高いということは、投資家は将来、当該

業が成長し、大きな利益をもたらしてくれると期待していると考えており、株価収益率（PER）が低いということは、今後企業が成長しない、もしくは今後減速（シュリンク）していく可能性が高いということを考えているともいえます。

3. 株価収益率（PER）が高い企業

　株価収益率（PER）は、業界やビジネスモデルの影響を受けるということを「第3章 第2節2.（4）流通株式時価総額5億円以上の意味することの意味は？」で述べましたが、一般的に、将来の成長性が高いと見込まれる業界や利益の成長性が高い、もしくは高い利益が安定しておりリスクが低いビジネスモデルの企業については、株価収益率（PER）が高くなる傾向にあります。

　高い株価収益率（PER）の企業になりたいからといっても業界自体を変えることは中々難しいですが、ビジネスモデルについては、経営者がコントロール可能だと思われます。

(1) 利益率の成長が高い

　売上高が伸びれば利益も増加しますが、売上の成長というのはいずれどこかで鈍化することが一般的です。これは、市場規模が大きく変わらない場合、売上の成長はシェアの拡大を意味しますが、シェアの拡大には限界があり、どこかで鈍化するからです。

　投資家は単に売上高の伸びを期待しているわけではなく、利益率が伸びていくビジネスモデルを高く評価する傾向にあります。例えば、固定費がある程度一定で、売上が固定費分以上に大きく伸びた場合のコストの増加は比例的には増加せず、利益が加速度的に増加するようなビジネスモデル（IT系に多い）は、株価収益率（PER）が高く評価される傾向にあります。逆に、売上高は伸びているものの利益率が下がっていく場合には、売上高・利益額ともに増加していても、株価収益率（PER）は下落し、株価も下落することもあります。

(2) 市場規模が今後も大きく伸びていく

　自社のビジネスの属する市場規模が大きくなっている場合、投資家は将来性があるとみなし、株価収益率（PER）は高く評価される傾向にあります。多くの企業がグローバル化を目指しますが、これは自社がターゲットとする市場が大きくなることを期待するからです。もちろん、グローバル化にはリスクがあり、上手く行かないケースもありますが、グローバル化によって売上の成長のみならず、利益の成長が確実に見込める場合には、株価収益率（PER）は高めになります。

(3) 業績が高いレベルで安定してリスクが低い

　投資家は、一般にリスクを嫌う傾向にあります。ここでのリスクは、業績のブレ幅のことです。食品業界の株価収益率（PER）は一般的に高い傾向にありますが、それは景気の変動にあまり左右されず安定した収益が見込めるからと投資家から見られている面があります。

　このよう業績がブレ難いビジネスモデル、例えば、ストック型のビジネスモデルで自社のサービスや商品が景気の変動を受けにくいのであれば、投資家は株価収益率（PER）を高く評価する可能性が高まります。

4. 株価と自己資本利益率（ROE）

　株価は、別の視点からも検討することもできます。

　株価＝株価収益率（PER）×自己資本利益率（ROE）×1株当たり純資産（BPS）

　自己資本利益率（ROE）は Return On Equity、1株当たり純資産（BPS）は Book-value Per Share の略です。なお、1株当たり純資産（BPS）は次の株価純資産倍率（PBR）のところで説明いたします。

　ROE は、以下の式で表せます。

自己資本利益率（ROE）＝当期純利益÷自己資本×100

（自己資本利益率（ROE）は％で表しますので、100を掛けます）

　投資家は、自己資本利益率（ROE）の高い企業を好む傾向にあります。直感的には、自己資本利益率（ROE）が高いということは資本効率が良いといえますので、効率の良い会社に投資したいという表れともいえます。

　株価＝株価収益率（PER）×自己資本利益率（ROE）×１株当たり純資産（BPS）という式をもう少し見てみましょう。

　自己資本利益率（ROE）や１株当たり純資産（BPS）というのは、決算書に計上された金額によって計算されるものであり、株価のような投資家の心理状況の揺らぎのようなフワッとしたものによって動くものではありません。他方、株価収益率（PER）は分子に株価が入っているため、経営者にとっては直接的にコントロールができない指標となります。

　ここで、株価を上げようと考えますと、経営者にとってコントロールできるのは、自己資本利益率（ROE）と１株当たり純資産（BPS）になります。特に、**自己資本利益率（ROE）は、当期純利益を増加することによって上昇させることができるため、自己資本利益率（ROE）を改善させるということを経営目標として掲げますと、それが株価の上昇にも寄与するということが分かり易い形で役職員など利害関係者にも伝えることができる**と思われます。

　また、獲得した利益を全て配当金という形で株主に還元するケースは少なく、一部は内部留保に回されます。そのため、自己資本利益率（ROE）を高め、利益が多く獲得できるようになりますと純資産が増えますので１株当たり純資産（BPS）も高くなります。上述の式からもお分かりのように、どちらの指標の上昇も株価に対して正の方向（プラス）に寄与することになります。

　もっとも、株価は様々な要因によって変動しますので、自己資本利益率（ROE）を高めたからといっても、株価が直ぐに上昇するとは限りません（この相関関係が直ぐに成り立つのであれば、増益となった企業の株価はすぐに上昇するはずですが、実際にはそうでないケースも多く、増益になったにもかかわらず株

価が下落するということは良く起こります）。ただし、長期的な視点から見れば、高い自己資本利益率（ROE）を保持する企業が投資家から支持され、株価が高い水準となっておりますので、自己資本利益率（ROE）を高めることは株価対策として有益です。

　余談ですが、東京証券取引所では、プライム市場とスタンダード市場に上場する企業の自己資本利益率（ROE）の目標を8％としています。この8％という数字は、経済産業省が2014年に公表した「持続的成長への競争力とインセンティブ～企業と投資家の望ましい関係構築～」（伊藤レポート）で示されている数字で、グローバルな投資家から認められるには最低8％以上の自己資本利益率（ROE）にする必要があるということを受けてのものといわれています。

　ところで、自己資本利益率（ROE）を高めるためには、どのようにすればいいのかですが、自己資本利益率（ROE）の算式をみますと、分子である当期純利益を増加させるか、分母である自己資本を減少させるということになります。当期純利益を増やすということは分かりやすいと思いますが、**自己資本を減らす方法は、有償減資、配当、自社株買い**が一般的です。上場企業においては有償減資をまず行わないので、配当か自社株買いを行うということになります。なお、これらについては、後述「6. 配当政策の重要性」で解説します。

5. 株価と株価純資産倍率（PBR）

　東京証券取引所は、プライム市場とスタンダード市場の上場企業に対してPBR（株価純資産倍率）の改善を促しており、ご存じの方も多いと思います具体的にはPBR（株価純資産倍率）を1倍以上にするように促し、計画を策定し開示することを求めています。上場して社歴の長い会社と異なり、スタートアップ・ベンチャー企業がIPOを達成した場合、多くはグロース市場に上場することでしょうし、仮に、プライム市場やスタンダード市場に上場してPBR（株価純資産倍率）が1倍を割れることはほとんど無いと思いますが、

考までに PBR（株価純資産倍率）についても解説しておきます。

　株価純資産倍率（PBR：Price Book value Ratio）は、以下の算式によって表せます。

株価純資産倍率（PBR）＝株価÷１株当たり純資産（BPS）

　１株当たり純資産（BPS）は、企業の純資産（自己資本）を発行済み株式総数（自己株式数は除く）で割ったものです。１株当たり純資産（BPS）は企業の解散・精算価値といわれることがあります。そのため、PBR が１倍未満の企業は上場しているよりも解散して精算した方がましだとおっしゃる方がいますが、厳密には正しくありません。

　この１株当たり純資産（BPS）は会計上の純資産から算定されており、会計上の純資産は上場投資有価証券などの一部の資産や負債を除くと、原則的には取得時の価格をベース（これを取得原価基準といいます）にしています。そのため、多額の含み益のある不動産を有している企業の場合、解散した時の価値は、帳簿上の純資産よりも大きくなることがあります。逆に、退職給付債務という退職金に関連する負債は一定の仮定に基づく計算上の金額であり、実際に企業が解散した時に退職金として支払う必要のある額を表わしていないことが多くあります。そのため、この場合は解散・精算した時の価値が低くなることもあります。

　一般的には、よほどの含み益のある不動産を保有する場合を除き、実際に解散・精算した時の価値が下がるケースが多いと思われます。

　ところで、なぜ、東京証券取引所が株価純資産倍率（PBR）の改善を求めているのでしょうか。１つは、株価純資産倍率（PBR）が分かりやすいということがあるようです（株価純資産倍率（PBR）は有価証券報告書にも記載があります）。また、配当や自社株買い（これらについては、次のセクションで解説します）を増やすことによって、自己資本を小さくするということ（内部留保を減らす）という意図もあるようですが、このような配当や自社株買いといった一過性の改善だけを求めているわけではないようです。

　東京証券取引所としては、企業に成長投資や研究開発などを行うことによって、企業に成長することを促しています（なお、研究開発は資産ではなく費用計上となりますので、自己資本に対してマイナス方向に動きます）。また、持続的な成長と中長期的な企業価値を向上するためには、資本コストや資本収益性についても意識する必要があるとしています。東京証券取引所も単に株価純資産倍率（PBR）を高めることだけを求めているわけではなく、上述の自己資本利益率（ROE）も、併せて高めていくことを求めています。

　スタートアップ・ベンチャー企業の経営者方は、いきなりグローバルな投資家を対象にはしていないかもしれませんが、東京証券取引所の方向性については、是非知っておいていただきたいと思います。

6. 配当政策の重要性

　配当政策とは、配当を通じて株主に対して企業に流入するキャッシュフローを還元することです。

　株式会社においては、経営者は事業で得たキャッシュを企業価値向上のための投資に向けるとともに、株主に価値を一部還元することが求められます。特に、上場企業においては、株主に対する配当は株価にも大きな影響を与えるため、非常に重要なテーマとなります。

　株式投資において投資家の儲けは、大きく、①株価の上昇に伴うキャピタルゲインと②配当金からなります。グロース市場に上場する企業に投資する投資家は、一般的に①株価の上昇に伴うキャピタルゲイン狙いが多いと思われますので、配当について意識しなくても良いという意見もあるかもしれません。実際、グロース市場に上場している企業でも無配当の企業も結構あります。投資家の中にも配当に回さず、その分を企業内部で成長投資に回して行った方が良いと考える方もいらっしゃいます。

　ただ、配当政策については、東京証券取引所自体も株主還元として重要視しており、**上場審査の時にも配当政策については検討対象となっています。**

た、**配当政策の変更が、株価に影響を与えることも事実です。**そのため、ビジネスモデルや中長期の事業計画も考慮し、事前に配当政策を検討しておくことが重要となります。

(1) ベンチャー企業と配当政策

　配当政策としては、利益の額に影響せず毎年安定的な配当（1株当たり配当額、例えば、年間1株30円を維持するなど年間配当額をあまりブラさないようにすること）の考え方と、毎年獲得した利益の一定率を配当金として還元するという配当性向を一定にするという考え方があります。安定的な配当額を配当政策として採用する企業は、自社のビジネスや市場が成熟して安定しており、配当の原資となる現預金や利益剰余金を多く持っているなど仮に自然災害等何らかの事情で一時的に赤字になったとしても、配当することに問題ないような企業が多いです。逆に、今後も成長が見込まれたり、業績が変動する要素が大きかったりする企業は、配当性向を設定する企業の方が多いと思われます。

　ベンチャー企業の場合は、今後も成長していくことが見込まれることから、配当性向を設定するという方が馴染むのではないかと思われます。

　なお、配当額や配当性向と配当政策については、数字を明示する企業と、しないとする企業がありますが、**明示した方が投資家は安心するため、株価が高くなる傾向にある**ようです。

○ 自社のビジネスモデルと必要となる資金の金額

　配当政策を考えるうえで重要なことは、自社のビジネスモデルと今後の事業計画（資金計画）とのバランスです。メルカリやLINEのようないわゆるプラットフォーム型ビジネスの場合、プラットフォームの改良や維持にたえず投資が必要となりますが、運転資金や設備投資資金があまり必要としないビジネスモデル（例えば、ソフトウェア会社における受託型システム開発、販売代行のような営業員の増加によって売上が増加していくようなビジネスモデル）においては、管理のためのソフトウェアの新規導入や本社の移転、M&A等などといった特

殊なイベントを除きますと、実際、多額の設備投資資金が必要となるケースは多くないと思われます。

　もちろん、明確な資金ニーズがあり、それが企業の成長に繋がるのであれば、株価を高くするためだけに、高い配当を維持する必要はありません。ただ、単に将来行うかもしれないM&A等のために資金をプールしておこうといった曖昧な目的であれば、株主に配当として還元するということもあり得ます。実際、M&Aを行う場合、現在の金利水準であれば、金融機関からの借入という方法も十分あり得ますし、大型のM&Aを実施するということであれば、市場から改めて調達するという方法もあります。

　実務的な経験から、"資金があるのでとりあえず、M&Aでもやってみよう"的に、十分検討しないままM&Aを実施し、後日、取得した株式の減損を計上してしまうケースが結構あります。

　近年、いわゆる"アクティビスト"という、"もの言う株主"の声がだいぶ強くなってきています。各企業の置かれているステージや経済状況、ビジネスモデルにもよりますが、ベンチャー企業だから成長性さえアピールできれば無配のままで配当政策を全く検討しないということではなく、自社のビジネスモデルを検討する際に、将来の配当政策についても併せて検討すべきだと思われます。

(2) 自社株買い

　自社株買いとは、株式市場から自社の株式を買い取ることをいいます。増資の逆のようなイメージであり、実際に買い取った株式を消却（発行済み株式総数を減らす）すれば減資となります。自社株買いを行いますと、1株当たり当期純利益（EPS）の計算においては、発行済み株式総数から自社株分を控除することになります（厳密には、自社株を取得した時点から期末までの期間を年間分に引き直し平均株式数で計算します）ので、自社株買いを実行しますと、1株当たり当期純利益が増加します。また、1株当たり純資産額（BPS）の計算においても、発行済み株式総数から自社株分を控除することになりますので、1

当たり純資産が増加します。

　そのため、自社株買いは配当と並ぶ株主還元の方法として認識されており、自社株買いを行うことは株価を上げる施策の1つとなります。

○　自社株買いの活用

　ベンチャー企業にとって、買い取った自己株式の活用法として多いのは、**ストックオプションの権利行使に備える**ためだと思われます。ストックオプションが権利行使されますと、新たに株式が発行されるのが一般的ですが、自社株を所有している場合、新株の発行に代えて、自社株を付与することが可能です。特に、**株価がなんらかの事情により低迷している場合、安い株価の時に自社株を取得しておき、その後、当該自社株をストックオプションの権利行使時に活用する**ということも、財務的な観点からも有用な利用方法です。

　また、自社株の活用方法として、M&Aに活用することもあります。活用方法として、①M&Aの売買代金として金銭の代わりに自社株を渡す（株式交換スキーム）、②M&Aの代金の決済は現金で行い、その後、新規株式を発行する代わりに、自社株を使って市場から資金を調達する（自社株買いの反対のイメージです）があります。

7.　IR活動は自社の優位性をアピールすることのみで良いのか？

　VCなどの投資家や金融機関から融資を受けるために自社のビジネスモデルを説明する機会が多く、プレゼンテーションが得意というスタートアップ・ベンチャー企業の経営者も多いと思われます。特に、若い経営者の方は、パワーポイントを作り込み、ビジュアル的に自社のビジネスモデルを分かりやすく説明することに長けている方が多い印象です。そのような自社のビジネスモデルの有用性をしっかりと株主や投資家に対してアピールできることは、重要なことであることはいうまでもありませんが、IR活動は自社の有用性をアピール

することだけではないと思っています。

　IRのRは"リレーションズ"であり、**どのように株主や投資家と信頼関係を構築していけるかが重要**です。

(1) 苦境な時もIRの軸をブラさない

　人間誰しも、他人からよく見られたいと思うのは当たり前です。自社の業績が良い時には積極的に情報を発信していきたいと思う一方、業績が悪い時にはできるだけ消極的に発信をしたいと思うものです。

　ただ、そのような内面を反映して、IRの内容や軸をブラしてしまう、例えば、今まで開示していた自社の業績に関係する重要なKPIをそのまま開示すると都合悪くなってしまったので他の指標へ変更することや些細な良かった点を強調して説明する。このように軸をブラしたIRは、当然ながらそれを受け取る株主や投資家、金融機関の担当者には隠そうとしていることの真意が、直ぐに伝わってしまい、良好な信頼関係を築くことができません。

　企業経営では業績が好調な時もあれば、戦争や自然災害、為替の影響など自社の力だけでどうにも対応できないような要因によって業績が低迷する時もあります。そのような**厳しい状況でも、真摯に自社の状況を説明し、場合によっては助言等の支援を受けることも重要なIR活動**だと思われます。

　スタートアップ・ベンチャー企業で調子よく業績が拡大していくと、とんとん拍子でIPOを達成できてしまう企業もあります。もっとも、そのまま順風満帆で、長い間業績が拡大し続けることはほとんどありません。必ずどこかで、苦境や挫折があると思います。そのような時、株主や投資家から暴言を浴びせられるかもしれません。苦境な時ほど、自分たちを信じ、自社の存在意義や目的をブラさず、淡々とIR活動を続けていくことが重要です。

　信頼関係が構築できれば、株主や投資家の中には、共感して応援しつづけてくれる人がきっと現れます。苦境の際にも軸をブラさず、株主や投資家と信頼関係を構築できた企業は、何とか苦境を乗り切り、その後、業績が拡大していけると思います。

もちろん、IRの資料等を投資家がより理解しやすいように、集計方法や説明を改善していくことは良いことです。そのような場合は、従来の方法も参考として、同時に開示をすれば良いだけですので、できる限り軸をブラさないことを意識してください。

(2) IR資料の作成に時間や手間は掛ける

上場ベンチャー企業のIR関連の資料を見ていると、その企業のIR活動に対する取り組みや管理部の状況が分かることがあります。一般に、IPOで上場する際に、IR関係の資料を印刷会社などの外部専門家に依頼して綺麗なものを作成してもらうことが多いのですが、その後、IR活動が消極的な企業は、IPO時の資料をそのまま使いまわしているケースも多く、中には、上場してから外部環境などの説明文も含めて、ほとんど変えていないケースもあります。

無論、毎回、毎回、基本的部分を新規に作り直す必要はありませんが、**決算短信に記載される文章も含めて、自社が発信するIR資料については毎回、見直しを行い、定期的にメンテナンスを行うようにしてください。**

また、他社のIR資料なども収集して分析し、どのようにしたらより株主や投資家に分かりやすく説明できるかなどを研究してみることも良いことです。案外、ビジネスのチャンスを見つけることもできるかもしれません。

なお、IR資料は、文章やデータを詳細に提示することも重要ですが、図やイラストなどを多用して分かりやすくしたり、項目建ての工夫などの見やすさも工夫したりすることも重要です。

3) IR担当者の重要性

投資家説明会などの対外的なIR活動においては、企業のトップである経営者自ら積極的に自社の内容を説明していくことは重要です。株主や投資家の中には、経営者トップの方針や意見を直接聞きたいという声も多く、近年であればネットで手軽に聞くことができる投資家説明会にもあえて会場に足を運んでられる方がいらっしゃいます。

　他方、日常的な投資家対応（主に、メールや電話での問い合わせ）については、IR担当者に任せることが多いと思われます。投資家の方からの意見としては、IR担当者の説明が丁寧であったり、回答が適切であったりすると、その企業に好感を持ちやすいようです。

　上場ベンチャー企業であれば、IR担当者が色々な業務を兼務していて投資家の質問対応に十分な時間を取ることができないこともあるかもしれませんが、**企業価値を高める業務として積極的に対応できる体制づくりも意識してみてください。**

第5節

IPO 後も上手く行っている企業の事例

　本節では、IPO 後も上手く行っている企業について、一緒に事例を見ていきたいと思います。ここに取り上げた IPO 後も上手く行っている事例も、一部の事例にすぎません。日頃からグロース市場やグロース市場（旧マザーズ市場）からプライム市場へ移った企業の「有価証券報告書」、「決算説明会資料」や「事業計画及び成長可能性に関する事項」などの IR 情報を収集し、参考になる部分を吸収していただければと思います。

1. 成功している企業の事例　その1
　　ブリッジインターナショナル株式会社

　IPO 達成後も、ビジネスモデルが拡大している企業は多々ありますが、いくつかの企業を一緒に見ていきます。

　まずは、ブリッジインターナショナル株式会社を取り上げます。

　ブリッジインターナショナル社は、2002 年 1 月に法人営業の課題を解決する事業を目的として設立された会社で、「インサイドセールス」と「研修事業」の 2 つの事業を展開しています。創業から 16 年後の 2018 年 10 月に、東京証券取引所マザーズ市場に上場して IPO を達成しています。

　「インサイドセールス」というのは、「従来型の訪問営業を非対面の営業活動に分業化させることで営業の効率化・生産性の向上を図るセールス手法」のことです。従来からの日本企業の営業のスタイルでは営業マンが見込客の発掘、案件醸成、提案書作成、クロージング、成約といった活動を属人的に行ってい

（出典：ブリッジインターナショナル株式会社 2023 年 12 月期決算説明資料）

ましたが、営業のプロセスを分業化して効率化し、提案書の作成やクロージングといった対面が重要視されるところに特化できるようにするため、営業活動の上流や下流の部分をアウトソーシング化するサービスをブリッジインターナショナル社は提供しています。

　ブリッジインターナショナル社の「インサイドセールス」事業は、さらに「アウトソーシングサービス」、「コンサルティングサービス」及び「システムソリューションサービス」の３つのサービスからなっています。

　また、ブリッジインターナショナル社は、もう１つ企業向け研修を行う「研修」事業を提供しています。

　2020 年からのコロナ禍によって、ブリッジインターナショナル社のメインビジネスである「インサイドセールス」のニーズは従来以上に高まるとともに、多くの企業間でもそのニーズが進展してきています。また、IPO 後にM&A によって獲得したもう１つの大きな柱である「研修」事業も、昨今、

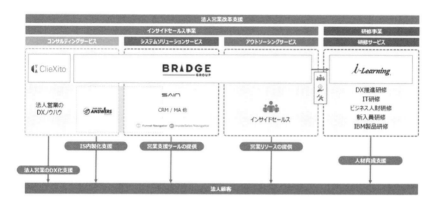

（出典：ブリッジインターナショナル社　2023年12月期有価証券報告書）

府が進めている「リスキング」やコロナ禍に伴う企業のDX化に必要な人材教育という、いわゆる"時代のニーズ"ともマッチしています。IPO後に成長し続ける企業は、このような追い風が吹くことによって、更に成長の加速度が増していく傾向にあるように思われます。

(1)　ブリッジインターナショナル社の事業内容

　ブリッジインターナショナル社は、2つの事業セグメントで4つのカテゴリーのビジネスを展開しています。本章第2節で見ました業績を向上させ続けるビジネスモデルという点に照らして、ブリッジインターナショナル社の事業の内容を見ていきましょう。

）　フロー型ビジネスとストック型ビジネス

　ブリッジインターナショナル社の開示された資料等を分析しますと、「インサイドセールス」の主力になる「アウトソーシングサービス」と新人研修など「研修」事業の一部がストック型、「コンサルティングサービス」、「システムソリューションサービス」と「研修」の一部がフロー型になると思われます。
　ブリッジインターナショナル社は、「アウトソーシングサービス」で安定的

にストック型の売上を積み上げつつ、「コンサルティングサービス」、「システムソリューションサービス」といったフロー型ビジネスで売上を更に伸ばすビジネスモデルと思われます。また、「コンサルティングサービス」、「システムソリューションサービス」といったフロー型で獲得した売上の一部が、将来の「アウトソーシングサービス」に繋がっていくことが推測され、安定的に積み上がっていく要素があり、中々上手いビジネスモデルです。

　さらに、「コンサルティングサービス」事業から「システムソリューションサービス」の売上に繋げるといったフロー型ビジネス間でも相乗効果がありそうで、フロー型ビジネスでいかに新規顧客を開拓していけるかが、今後の成長の鍵だと思われます。

②　BtoBビジネス、BtoCビジネス

　これは当然、BtoBビジネスということになります。ブリッジインターナショナル社のビジネスは、"営業の支援"という切り口です。そのため、基本的にはコンシューマー向けにサービスを展開していくことは想定し難いでしょう。「研修」事業のビジネス研修などのコンテンツの一部は、ビジネスパーソンによる個人的なスキルアップというニーズに合致するかもしれませんが、基本的にはこのまま、BtoBビジネスで拡大していくものと推測されます。

　ブリッジインターナショナル社によれば、同社の提供する「インサイドセールス」サービスの利用企業は、大手企業が多いということです。また、同社に対抗し得る強力なライバル企業は、現時点ではいないとのことです。仮に、同業他社が出現したとしても、得意先が自社の営業フローを変え、他社に乗り換える場合には、大きな手間（スイッチングコスト）が発生すると考えられるため、よほど強力なライバル企業が出現しない限りは、現在の顧客は離反しづらく、売上のストックが積み上がっていくことになると思われます。

③　事業の選択と集中

　ブリッジインターナショナル社がIPOを達成した2018年時点では、「イ

サイドセールス」のみで事業を展開していました。「インサイドセールス」事業も、大きく3つのサービスに分かれていますので、複数軸で展開していると整理することができるかもしれません。

　もっとも、広い意味では顧客に対して、システム等サービスや機械装置等を導入して、その後、運用やメンテナンス等でフィーをもらっていくという一連のビジネスモデルにおける上流・下流と捉えることもできますので、事業としては1つの事業を選択して集中していると捉えることもできるでしょう。

(2) M&A の取り組み

　ブリッジインターナショナル社は、IPO 後の 2021 年 3 月に株式会社アイ・ラーニングを M&A により 100％子会社化しています。アイ・ラーニング社は元々、日本 IBM の研修子会社として設立された会社で、従来から IT 研修や新人研修を手掛けていた会社です。「インサイドセールス」と「研修」は一見しますと、全く異なる分野の事業領域のように見えますが、「インサイドセールス」事業で獲得した顧客に対して、「研修」を展開するという意味ではシナジー効果が高く、また、代表取締役社長をはじめブリッジインターナショナル社の経営陣には日本 IBM 社出身者がいるということも、M&A には影響があったと思われます。

　また、アイ・ラーニング社は元々、集合研修を中心にビジネス展開をしていたところ、コロナ禍によって集合研修実施することができず業績が低迷しましたが、ビジネスをオンラインに展開することによって業績が回復する可能性が高いということを M&A 実施時点で把握できていたことも大きいと思われます。実際、M&A 後、アイ・ラーニング社はブリッジインターナショナル社の大きな主力ビジネスとなり、同社グループの業績拡大に寄与しています。

　加えて、昨今の DX 化推進等で各社 IT 関連の人材不足や IT スキルのアップが注目されて同社の研修に注目が集まっています。研修ビジネス自体は、多のライバル企業がいるため、ブルーオーシャンではないかもしれませんが、イ・ラーニング社自体の社歴が長く積み上げてきたノウハウがあること、さ

らには、「インサイドセールス」事業において見込み顧客である企業と接点があることから、当該M&Aはブリッジインターナショナル社グループに優位に働くものと思われます。

　なお、ブリッジインターナショナル社は2024年2月にトータルサポート株式会社を子会社化しています。同社はネットワークインフラに関する技術やサービス・製品を提供する会社であり、ブリッジインターナショナル社の既存の事業とのクロスセルにより企業業績を向上できると判断したようです。

(3) ブリッジインターナショナル社の今後の戦略

　ブリッジインターナショナル社の開示されている今後の成長戦略としては、顧客ポートフォリオの拡大を上げています。既存の顧客はIT関連の企業を中心にしていますが、IT業界で培ったノウハウを金融業界や製造業に展開していく予定のようです。

　また、顧客のDX化推進として、コンサルティングサービス及びシステムソリューションを強化していくこともあげています。ブリッジインターナショナル社の経営陣は、既存の戦略路線で、まだまだ十分に拡大する余地があると認識しているようです。

2.　成功している企業の事例　その2
　　　株式会社 Libwork

　まずは、株式会社Libworkの沿革についてご紹介します。有価証券報告書によりますと、Libwork社の創業は1974年ということですから、スタートアップ企業がIPO達成したという企業ではありません。

　Libwork社は、現在の代表取締役社長である瀬口力氏の実父が瀬口工務店として創業し、1997年8月に社長の瀬口力氏が入社する段階で法人化されています。その後、同氏が1999年2月に代表取締役社長に就任してからビジネスを急速に拡大し、2015年8月に福岡証券取引所のQ-Board（Libwork社は

本に本社のある企業です）において IPO 達成後、2019 年 6 月に東京証券取引所マザーズ市場に上場しています。社歴は長いので、厳密にはスタートアップ・ベンチャー企業で無いかもしれませんが、現在の瀬口力氏が社長になってから急激にビジネスモデルを変更し IPO を達成したということで、本書における成功例として取り上げます。

(1) Libwork 社の事業内容

　Libwork 社の事業は、戸建住宅の請負や不動産の販売（以下、戸建住宅事業）を行っています。日本には戸建住宅事業を営んでいる企業や個人は数多くありますが、Libwork 社のユニークなところは、土地情報サイトや戸建関連サイトなど戸建関連カテゴリーポータルサイトのプラットフォームを運営して、WEB マーケティングを活用することにより、顧客を獲得しているところです。また、同社は、自社のブランドだけではなく、株式会社サザビーリーグや株式会社 MUJI HOUSE といった他社と提携して、「Afternoon Tea House」や「無印良品の家」といった住宅を供給している点です。

　まずは、Libwork 社の開示されている情報を基に、同社のビジネスモデルについて見ていきましょう。

　Libwork 社の有価証券報告書における事業セグメントは、単一事業となっています。Libwork 社は、戸建住宅に関して様々なブランドを展開しています。

　従来と異なり、消費者は、戸建住宅もファッションと同様、生活スタイルや趣味嗜好といったものに応じて様々なデザインや機能を求める時代になってきています。そのような志向の消費者は、従来の建売住宅（デベロッパー自らが土地を仕入れ、建物を建築したものを販売しているもの）ではないものを求めています。無論、従来からのいわゆる大手ハウスメーカーや地場工務店の注文住宅を利用するという消費者もいるでしょう。ただ、もう少しカジュアルであったり、シンプルなライフスタイルとマッチしたものであったりする戸建住宅を求める消費者も増加しています。

　衣服でいうと、オーダーメイドの服でもなく、かといって価格重視でもない

服。ブランドコンセプトやデザイン、機能性、価格なども含めて、自分のライフスタイルに合うもの。衣服を選ぶ感覚で、住宅を選ぶ。そのような消費者の多様なニーズを取り込むために、複数のブランドを準備し、それぞれのブランドのコンセプトを明確にして、消費者に提案していくというビジネスモデルは、とても着眼点がいいと思います。

(2) 受注活動の差別化がユニーク

　また、Libwork 社のビジネスモデルの特徴としては、集客方法にもあります。既存のハウスメーカーや工務店などが、住宅展示場のモデルハウスやチラシ、CM などを中心にして集客して受注につなげていたのに対し、Libwork 社はデジタルマーケティングに力を入れており、自社運営の WEB サイト、自社メディア「リブタイムズ」や YouTube での「Libwork ch」というものを上手く活用して集客をしています。

　特に、コロナ禍においては、多くの戸建住宅企業がモデルハウスへの集客ができず、受注が大きく落ち込む中、Libwork 社はデジタルマーケティングを利用して、コロナ禍でも成長を続けることができたことは大変素晴らしいと思います。

　余談ですが、YouTube では Libwork 社のチャンネルに限らず、不動産関連動画の再生回数はとても多く、戸建住宅の購入予備軍をファン化することにも寄与しています。このような点も時代を読んでおり、非常に上手い戦略です。

(3) Libwork 社の M&A への取り組み

　ウクライナ情勢や為替の影響による木材の高騰（いわゆる、ウッドショック）によって、戸建住宅業界はコスト増にかなり苦しんでいます。戸建住宅の場合、コスト上昇分をそのまま販売価格に転嫁するということが容易ではありません。これは、住宅購入者の多くが自分の預金や資産を元手にして一括で住宅を購入するのではなく、働きながら住宅ローンを返済するという形態で取得ていることに起因します。購入者の所得（給与）が大きく上がらない限り、

マルチプラットフォーム戦略

戸建関連カテゴリー（土地探し「e 土地 net」など）に特化したサイトの充実・拡大。住宅の専門家によるオウ
ンドメディアやYouTubeチャンネルでの動画配信、異業種コラボによる顧客層の拡大や実店舗による体験など、
顧客の様々なニーズに応えるマルチプラットフォーム戦略により、多方面からの効率的な集客を実現。

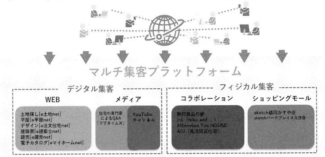

マルチ集客プラットフォーム

今後もデジタル集客の拡大＋全国のパートナーとの提携促進を進める

（出典：株式会社 Libwork2023 年 6 月期決算説明資料）

る程度購入できる限度（予算）がおのずと決まってしまうということです。そ
のため、戸建住宅業者にとって木材関連のコストダウンは、競争力を高めるた
めに大きな命題となっています。

　そこで、Libwork 社はこの問題を解決する手段として、2023 年 7 月に製材
加工販売会社の M&A を実施し取得を完了しました。この M&A は垂直型の
統合であり、これにより従来外部から購入していた木材を自社グループ内で調
達が可能になります。また、Libwork 社は、住宅版の SPA モデル（商品の企
画から製造、販売までを垂直統合したビジネスモデルでユニクロや ZARA といった
ファッション業界で成功しているビジネスモデルです）を目指しているようです。
更に、木材の安定供給が受けられる体制の構築にもつながり、Libwork 社グ
ループの強化になるものと思われます。

　なお、Libwork 社は福岡証券取引所 Q-Board に IPO 後、タクエーホーム株
式会社という建売戸建住宅の会社を M&A によって取得しています。これは、
水平型の統合になります。

（4）SDGs 環境問題、多様性、地域支援への取り組み

　昨今、多くの大企業が、SDGs（持続可能な開発目標）に取り組んでおります。SDGs は、国連が定めた貧困撲滅や環境等に関する 17 個の目標です。SDGs は、企業や個人がその目標に取り組むことによって、社会や世界に貢献しながら発展につなげることができるというものです。企業の社会的責任とも関係し単に利益を追求するだけではなく、環境問題や多様性にも配慮することが、企業のブランドイメージアップや企業価値、人材確保と言った面にメリットがあるといわれています。

　従来、SDGs は各上場企業の任意的な開示にとどまっていましたが、2023 年から開示に関する法令が変わり、有価証券報告書等においても「サステナビリティ情報の開示」が義務化されるようになりました。「サステナビリティ情報の開示」は主に、環境に関連した情報と、人材の多様性に関連した部分になります。

　Libwork 社の開示情報を見ると、2021 年 3 月に SDGs 宣言をしています。近年、地球温暖化などの報道もあり、消費者は地球環境にやさしい住宅を求める傾向にあります。サスティナブルな住宅を提供するという戦略は、他社との差別化をしていく上でも重要な視点だと思われます。なお、Libwork 社では、サスティナブルな住宅づくりや太陽光パネル設置の推進を積極的に進めたり、カーボンフットプリントへ取り組みについても積極的に開示を行っています。

　また、人材の多様性について、Libwork 社では女性管理職の積極的な登用や週休 3 日、テレワークなどの様々な働き方の提案を行っています。

　さらに、Libwork 社は、地域貢献にも積極的に取り組んでいます。「熊本県こども食堂ネットワーク」、及び「ひのくにスマイルプロジェクト」へ寄付を行っています。また、廃校になった小学校をフルリノベーションし、セカンドオフィスとして活用していますが、その一部を子ども食堂の拠点として利用できるような取り組みを行っています。

3. 成功している企業の事例　その3
MRT 株式会社

　MRT 株式会社は、東京大学医学部附属病院の医師の互助組織としてスタートしたものを 2000 年 1 月に法人化（有限会社メディカルリサーチアンドテクノロジー）したのが前身です。MRT 社は、医療人材サービス（非常勤医師の紹介や看護師、薬剤師、臨床検査技師等のアルバイトや転職紹介など）の事業を中心に展開し、2014 年に東京証券取引所マザーズ市場に IPO を達成しています。

(1) MRT 社の事業内容

　MRT 社では医療人材の紹介事業のほかに、医療経営サポート（医療機関の M&A や事業承継、オンライン診療）や医療情報提供（医師による健康医療相談や医師による企業 PR）などを提供しており、医師をつなぐ医療のプラットフォームを提供しています。

　MRT 社の開示されている資料によれば、日本の非常勤医師の割合は 18% 程度と比較的高く、我が国の医療システムは非常勤医師の存在が前提になっております。これは、すべての医療機関で十分な医師を確保できているわけではない一方、医療ニーズには変動があり、臨時に医師の応援が必要であることや、若手医師が一定の期間多くの経験を積むためには、非常勤として働く必要があることがベースにあるようです。そのような非常勤医師のニーズをビジネスモデルとして体系化し、プラットフォームとしてネットワーク化したところが、MRT 社の強みとなっています。

　また、コロナ禍で急速に普及しはじめたオンライン診療についても、MRT 社は積極的に取り組んでいます。日本では高齢化が進んでいく中、医師の偏在化が問題となりつつありますが、オンライン診療の市場規模は今後も右肩で上がっていくことが予想されています。

　さらに、MRT 社は、独立開業医をサポートする業務も提供しています。勤

務医が自分で独立開業をすると、医師は患者の治療のみならず、医療機関の経営（人材採用や従業員の給与計算などバックオフィス業務）も行う必要がありますが、そのような業務のRPO（採用代行）やBPO（業務の外部委託）で開業医をサポートするサービスを展開しています。このような、非常勤という短期的な

〈事業系譜図〉

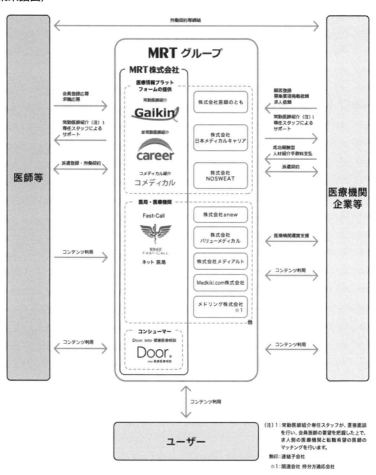

（出典：MRT 株式会社 2023 年 12 月期有価証券報告書）

ものだけではなく、医師のライフサイクルに関わるビジネスの展開というところも面白いところです。

MRT社では、上記以外にも、医師の転職サポートサービスや医師のネットワークを繋げるサービスなどを展開しています。

(2) コロナ禍の追い風

MRT社の業績は、IPO達成後、着実に成長していた中、2020年からのコロナ禍で一気に業績は加速し、2022年12月期の売上高はコロナ禍前の約4倍近くまで増加しました。MRT社は、コロナ禍で獲得した大きな利益やキャッシュをプラットフォームや新規サービス展開に充て、更なる成長に向けています。

先ほどご紹介したオンライン診療は、コロナ禍により条件付きながらも初診から可能になったということもあり、今後ますますニーズが高まっていくものと思われます。

(3) MRT社のM&Aの取り組み

MRT社はIPO達成後、複数回のM&Aを実施し、グループ経営を進めてきています。直近までのM&Aについて、見ていきましょう。

最初は、2017年1月に実施されました株式会社NOWEATのM&Aです。NOWEAT社は京都エリアを中心にした医療福祉系専門職員人材派遣や人材紹介を行っている企業であり、関西エリアの営業基盤強化という、いわば面を押さえるための同業他社のM&Aだと思われます。

次は、2017年12月に実施されました株式会社医師のとものM&Aです。医師のとも社は、東京に本社を置く競合企業ですが、同社が持つ独自のサービスに登録している医師をグループに取り込むことにより業績を拡大させていこうという趣旨でのM&Aだと思われます。NOWEAT社へのM&Aがエリア拡大であったのに対して、医師のとも社は同じエリアのシェアアップを目的としたものと思われます。

　3つ目のM&Aは、2018年3月に実施されました株式会社CBキャリア（現・株式会社日本メディカルキャリア）です。CBキャリア社も、医師のとも社同様に東京に本社のある企業であり、シェアアップや登録者数を増やすためのM&Aだと思われます。

　4つ目は、2022年12月株式会社メディアルトのM&Aです。メディアルト社は、先述3つの同業者のM&Aと異なり、医薬品の広告やパンフレットの制作、医学学会の記事集制作や病院内ポスターやパンフレット制作を通じて患者への疾患啓発活動を行うといった医療・医薬情報を提供する企業です。MRT社は、主力の人材紹介事業のみならず、医療関係のプラットホームを充実させていくことを成長シナリオとして描いていますので、その一環として実施されたM&Aだと思われます。

　MRT社のM&Aは、同業からはじめ、その後周辺のビジネスを営んでいる企業に展開しています。MRT社の経営陣がどの程度、M&Aの経験があったかは定かではありませんが、同業他社であれば業界のみならずビジネスそのものにも精通していますので、M&A後もスムーズに自社グループのビジネスとして軌道に乗せることがしやすいと思われます。

4. 成功している企業の事例　その4
株式会社タカヨシ（株式会社タカヨシは、2024年4月1日より株式会社タカヨシホールディングスに移行）

　有価証券報告書によりますと、株式会社タカヨシ（株式会社タカヨシは202□年4月1日より株式会社タカヨシホールディングスに移行）の創業は、1970年1□月ということですので、スタートアップ・ベンチャー企業ではないかもしれ□せん。しかし、本書でタカヨシ社を取り上げたのは、ビジネスモデルのユニーク性です。タカヨシ社は、「わくわく広場」というシェアショップ事業を全□に展開しており、2021年12月に東京証券取引所マザーズ市場にIPOを達成

ています。

(1) タカヨシ社の沿革及び事業内容

　タカヨシ社は、創業時は事務機器販売業務を行っていましたが、1980年代に千葉県でホームセンター事業を開始・展開しました。その後、2000年9月に、ホームセンターの一角で農産物直売所を開始しています。その翌年の2001年7月に、「わくわく広場」の1号店を開店させました。その後、モールに出店し、全国へ展開していくようになりました。

　「わくわく広場」は、自社で仕入れた商品を消費者に販売するということもやっているようですが、店頭で販売されている商品のほとんどは、シェアリングサービス（委託販売）によるものです。

(2) 小売業ではなく、委託販売業

　タカヨシ社のビジネスモデルは、いわゆる一般の小売業（生産出品者から物を仕入れ消費者に販売する）ではなく、スペースのシェアリングサービスという点です。「わくわく広場」では、農産物やお弁当など商品が売られており、消費者は特段意識することなく、並べられた商品を購入すると思います。ところが、その商品のほとんどすべてが、生産出品した生産者のものであり、タカヨシ社は商品販売の委託を受けているという点がとてもユニークです。

　このビジネスモデルの優れていると思われるところは、以下の点です。

① 運転資金負担が少ない

　　店舗に陳列されている商品は出品者のものですので、予め商品を仕入れる資金は必要となりません。また、売れ残ってしまった商品についても、タカヨシ社が負担をする必要がありません。商品が売れた際に、消費者から受けとった代金のうち、手数料を差し引いて生産出品者に支払います。

　　余談ですが、タカヨシ社のような委託販売の場合、現行の会計基準では、損益計算書においては、消費者に販売した代金が売上高として計上される（総額処理）のではなく、販売委託の手数料分（純額処理）で計上さ

〈事業系譜図〉

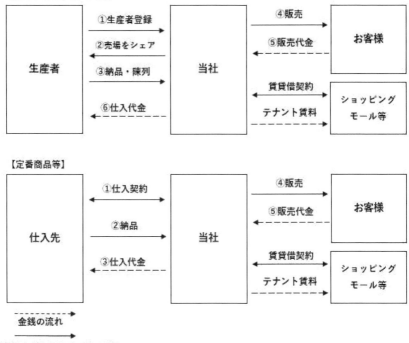

（出典：株式会社タカヨシ　2023年9月期有価証券報告書）

れることになります。2023年9月期のタカヨシ社の売上高は7,185百万円
となっていますが、仮に総額処理をした場合は24,111百万円となるよう
です（参照：タカヨシ社2023年9月期有価証券報告書）。

　ちなみに、販売形態によって、売上の計上が総額処理になるのか純額処
理になるのかは、どちらの会計処理となるかによって損益計算書のトップ
ラインである売上高の金額が大きく異なることになりますので、IPOの現
場では議論となる論点（「収益認識」基準の"本人か代理人"という論点）で
す。

　総額処理となるかどうかの判断は総合的に判断されることになるので

が、その判断の例示としては、以下の３つがあります。

■ 主たる責任（企業が当該財又はサービスを提供するという約束の履行に対して主たる責任を有していること

■ 在庫リスク（当該財又はサービスが顧客に提供される前、あるいは当該財又はサービスに対する支配が顧客に移転した後（例えば、顧客が返品権を有している場合）において、企業が在庫リスクを有していること）

■ 価格裁量権（当該財又はサービスの価格の設定において企業が裁量権を有していること）

（出典：日本公認会計士協会　Q&A 収益認識の基本論点）

　タカヨシ社においては、在庫リスクも価格裁量権もなく、生産出品者側にありますので、代理人と判定され純額処理となったものと思われます。

② ローコストな出店費用

　「わくわく広場」の店舗設備は、平台、冷蔵ケース及びレジなどとなっており、特別な販売設備が必要ではないようです。そのため、出店に係るコストは、ローコストになっています。タカヨシ社の開示された資料によりますと、店舗投資額の平均の回収期間は、２年以内のようです。

　なお、店舗運営型のビジネスモデルにおいては、出店コストの多寡がビジネス展開において足かせとなるケースもあると思われます。特に、１店舗当たりの出店コストが高い店舗の場合、初期投資を回収するまでの期間に時間がかかりますし、思うように顧客が集まらず減損損失となった場合には、スタートアップ・ベンチャー企業には大きな負担になります。

③ 物流網を整えるコストが低い

　一般的に、商品を店舗に配送するための物流網の整備には時間とコストがかかりますが、「わくわく広場」の場合、基本的には、生産出品者自らが商品を納品して、値札付け、陳列するというスタイルを取っている事もあり、物流コストを抑えることができているようです。

④ 宣伝広告などの販促費が低い

　スーパーなどの小売業では、消費者を呼び込むために広告チラシをばら

撒くのが一般的ですが、「わくわく広場」の場合、出品の裁量は、生産出品者側にあるということもあり、チラシ広告をばら撒くことができません。これは販促費を抑えることに有用です。もっとも、消費者を店舗に呼び込むことが別途必要になりますが、タカヨシ社では地域色を前面に出し、口コミ等を利用して販促につなげているようです。

⑤　生産出品者側にも商品の出品や価格設定の自由裁量等があり、メリットがある

　　生産出品者側すると、「わくわく広場」は、あくまでも販売するためのツールの1つであり、出品の頻度や時間帯、出品商品の種類や量・値段を自らの都合でコントロールすることが可能のようです。そのため、生産出品者側としては、出品を継続するにあたっての物理的、資金的、精神的な負担も少ないというメリットがあります。また、生産出品者自らが直販店をするには、資金や人手が必要となりますが、「わくわく広場」では、販売及び資金の回収は「わくわく広場」が行いますので、つねに販売員を置いておかなければならないという負担がなく、生産出品者側は生産に専念することができるメリットがある仕組みになっています。

(3) タカヨシ社のユニークな戦略

　タカヨシ社では、「わくわく広場」をあくまでもプラットフォームと位置付けています。インターネットでは、楽天市場のようなECサイトがプラットフォームとして有名ですが、タカヨシ社にとって、「わくわく広場」はお弁当や農産物といった消費者が直ぐに欲しい物（食べたい物）を提供する「食のプラットフォーム」と位置づけている点はとてもユニークだといえます。

　また、一般に、小売業が成長戦略を考える際には、

　店舗数×顧客単価×顧客数

のそれぞれの要素についてアップさせることを検討します。これは売上高を〔増〕やすために、売上を要素別に分解したものであり、店舗開発によって店舗〔数〕

アップセルやクロスセルによって顧客単価アップ、広告などの販売促進によって顧客数のアップを検討することになります。

　これに対して、タカヨシ社の成長戦略は、開示された資料によりますと、

　店舗数×出品生産数

のそれぞれの要素をアップさせることを考えているようです。タカヨシ社にとっては、自社のビジネスを成長させるためのターゲットが、消費者（販売先）そのものではなく、生産出品者であるとしている点がユニークです。生産出品者が増え、その結果、生産出品数が増えていけば、取扱量（金額）が増え成長していくと考えているようです。そのため、タカヨシ社では、出品生産数を増加させるための開拓専属チームやコールセンター人数を増加したということが、IR の資料に掲載されています。

　なお、タカヨシ社では、シェアショップ事業を「地域を結ぶ直売広場」をコンセプトに掲げ、地域にあるおいしい商品を集め、地域の生産出品者とお客様をマッチングさせ結びつけることと位置づけております。地域の活性化にも繋がるというコンセプトは、出品生産者や消費者に共感を呼ぶモデルと思われます。

巻末資料

IPO 準備を決める前のセルフチェックリスト

（IPO 準備を決める前のセルフチェックリスト利用上の注意）

　本チェックリストは、IPO の準備を始めると意思決定する前に、IPO 達成のための課題について、経営者が自らセルフチェックすることを目的にしたものです。そのため、あくまで概括的な問題点の有無を確かめることが目的ですので、このチェックリストを全てクリアーしたからと言って IPO の達成が確約できるものでありませんし、多くの項目で問題点が発見されたからと言って、IPO ができないというものでもありません。ただし、一部の項目では IPO が難しいという項目もあります。

　なお、チェックを付けるかどうか迷った時は、保守的にチェックを付けてみてください。また、必要に応じてインターネット等で調べてみることも有用です。

　これらの事項はいずれも IPO するに際しては、解決が必要なものとなりますので、IPO を志すのであれば、できる限り早めに解決に向けて着手する必要があります。

〈チェックリスト〉

	項目	チェック	備考
1	反社会的勢力が株主、役員、主要な取引先に含まれている		ここにチェックが付くとIPOは解決するまで困難
2	税務調査で重加算の対象となったことがある		ここにチェックが付くとIPOはかなり難しい
3	過去に法令違反や行政当局から指導されたことがある		IPO関連に強い弁護士に要相談
4	事業に必要な許認可等は取得していない。また更新が必要なものをおこなっていない		弁護士に要相談
5	業績が赤字		来季以降業績の向上が見込めないとIPOのハードルが高い
6	毎年10％程度の売上の成長性が見込めない（グロース市場の場合）		
7	安定的な売上高、営業利益、経常利益を確保できない（スタンダード市場の場合）		
8	自社が属する市場は拡大傾向でない		
9	自社が属する市場が拡大傾向でない場合で、自社の市場占有率が上がっていない		
10	株主総会を毎年開催し、議事録を保存していない		
11	取締役会設置会社でない		
12	取締役会設置会社の場合、少くなくとも３か月に１回取締役会を開催し議事録を保存していない		
13	役員に親族のものがおり、名目的になっている		

14	監査役もしくは取締役監査等委員が選任されていない		
15	社内で月次決算をできる経理体制となっていない		
16	36 協定は締結されていない		
17	未払残業代がある		
18	残業時間の管理が適切に行われていない		
19	離職率が同業他社と比較して極端に高い		
20	役員または主要株主（発行済み株式総数の 10%以上を保有する株主）と会社との間に取引がある（取引の例としては金銭消費貸借契約、社宅、保証債務、使用権・特許権などの使用許諾など）		
21	子会社、関連会社を含む、関係会社がある場合、適切な関係会社の管理が行われていない		
22	株主名簿は適切に作成されていない。株主の中に整理を行った方が良い株主がいる		
23	予算は作成されていない。また、適宜予算と実績の差異分析がされていない		
24	未解決な係争・紛争事件がある		顧問弁護士に要相談
25	売上高の大部分が社長自らが営業して獲得している（いわゆる社長案件）		

著者プロフィール

井上　司 （いのうえ　つかさ）

公認会計士

元準大手監査法人理事　経営戦略室担当

同時に準大手監査法人のパートナーとして金商法監査・ＩＰＯ監査業務及びコンサル業務に従事した。

太田　裕士 （おおた　ひろし）

公認会計士

大手監査法人のＩＰＯ関連部署でＩＰＯ業務に従事した後、準大手監査法人のパートナーとして金商法監査・ＩＰＯ監査業務及びコンサル業務に従事し、長年ＩＰＯの業務に携わる。

スタートアップ・ベンチャー企業の経営者がIPOを考え始めたときに知っておくべき予備知識

発 行 日　2024 年 7 月 20 日

著　　者　井上 司・太田 裕士

発 行 者　橋詰 守

発 行 所　株式会社 ロギカ書房
　　　　　〒 101-0062
　　　　　東京都千代田区神田駿河台 3-1-9
　　　　　日光ビル 5 階 B-2 号室
　　　　　Tel 03（5244）5143
　　　　　Fax 03（5244）5144
　　　　　http://logicashobo.co.jp/

印刷・製本　藤原印刷株式会社